领略奥黛丽·赫本的迷人风采，做一个优雅女人不是梦

珍藏版

梦芝◎著

奥黛丽·赫本

美丽天使，上帝身边的女人

中国商业出版社

图书在版编目（CIP）数据

奥黛丽·赫本：美丽天使，上帝身边的女人 / 梦芝著 .—北京：中国商业出版社，2016.5

ISBN 978-7-5044-9404-7

Ⅰ . ①奥…　Ⅱ . ①梦…　Ⅲ . ①赫本，A.（1929 ~ 1993）—传记　Ⅳ . ① K835.615.78

中国版本图书馆 CIP 数据核字（2016）第 087480 号

责任编辑：朱丽丽

中国商业出版社出版发行

010-63180647　www.c-cbook.com

（100053 北京广安门内报国寺 1 号）

新华书店总店北京发行所经销

北京毅峰迅捷印刷有限公司印刷

*

635×965 毫米　16 开　14 印张　180 千字

2016 年 9 月第 1 版　2016 年 9 月第 1 次印刷

定价：36.80 元

* * * *

（如有印装质量问题可更换）

序言 preface

寻找摧毁苦难的方法

决定走近奥黛丽·赫本，是源于一个女孩。正处于青春期的她尤其在乎自己的外貌。但每每揽镜自顾，她总是充满沮丧：皮肤不够白、眼睛不够大、腰肢不够细、身材不够高等等。每次抱怨完后，她就会说："哎，如果我能够像赫本那样就好了。"她一直折服于奥黛丽·赫本的美丽和优雅，更着迷于她璀璨的光芒。但她却不知道奥黛丽的辉煌背后，充满了苦难。

人生总是与苦难同行的。懦弱的人会被苦难压弯腰，寸步难行。对于他们来说，与苦难同行的人生，是一场看不到光明的旅行，在黑暗中，没有温暖、没有爱，只有翻越不过去的磨难。他们不懂得穿越黑暗的方法，所以也得不到欢乐之光的普照。

如何穿越浓密的黑暗？这是一个复杂而又简单的问题。复杂之处在于它没有规律可循，说它简单，是因为它其实就存在于我们的内心。总有一些人已经找到战胜苦难的方法，他们利用这种方法摧毁苦难，获得快乐辉煌的人生，奥黛丽·赫本就是他们中的一员。

说起所受的磨难，谁又能比奥黛丽·赫本更多呢？她从小被父亲遗弃、经历恐怖的"二战"、遭受梦想的破碎、二次婚姻的失败……她也曾在苦难中彷徨和挣扎，但她最终从黑暗中挣脱出来，走出一条属于自己的光辉大道。

我选择写奥黛丽·赫本的传记，也是想要从她的人生经历中，去寻找到她摧毁磨难的方法，并献给挣扎在痛苦中的人。其实我们谁不曾在痛苦中挣扎过呢？如果我们能够循着奥黛丽·赫本的足迹，破译她的密码，并用之清扫人生旅途中的黑暗，即使我们无法像她那样成为一代巨星，至少我们可以让自己的生命有光明相伴，因此而丰盈和快乐。

本书通过奥黛丽·赫本身边亲人和朋友的视角，还原这位美丽女子从一个平凡女孩到传奇明星、再到亲善大使的一生。文中以奥黛丽·赫本所塑造的每个电影形象为情节线索，在幕后拍摄所发生的插曲中深入细致地挖掘她众多优良的品德。书中还围绕奥黛丽·赫本的几段感情故事展开描述，向读者展示了这个卓然不群的银幕巨星不为人知的坎坷感情历程和心路历程。

从小被父亲遗弃的孤女，到“二战”时期的贫困儿，再到两次婚姻失败的女人，爱的创伤使奥黛丽·赫本的一生都在忧伤中度过。但她并未就此抱怨和沉沦，她坚信爱可以疗伤，因此以积极的态度去面对人生，用爱去拥抱这个世界……

目录
Contents

第三辑 解密魅力

——天使是怎样炼成的 71

第四辑 解密个性

第五辑 破译情感

第一辑 解密生活
——奥黛丽·赫本的前世今生

我的工作原则就是：不抱怨，即使筋疲力尽也不放弃，不在有演出的时候外出。索妮娅教导我，如果你足够努力，一定能够成功，一切的努力都源自你内心的力量。

——奥黛丽·赫本

奥黛丽这种吃苦耐劳、坚忍不拔的意志折服了剧组所有人，就连从不轻易夸赞演员的惠勒也忍不住夸赞她说：“奥黛丽是一个能吃苦耐劳的女孩子，她在工作中的不懈努力让人叹服，在美丽的女孩子中，她属于那种快要绝种的类型。”

——赫本密码

一、辉煌事业的起航者

我非常幸运，因为我遇到最好最优秀的导演，如果不是威廉·惠勒当初找到我并鼓励我，我想我不会有现在的成绩。

——奥黛丽·赫本

001. 优雅是登上事业之舟的船票

1951 年 9 月的一个上午，英国的伦敦弥漫着淡淡的秋意，让人身心舒畅的凉爽洋溢在每一个角落。此时，在克莱瑞吉饭店里，好莱坞著名导演威廉·惠勒却无心欣赏这美好的天气，他在意的是马上要见面的姑娘。

在这之前，由于他导演的影片反映重大的社会问题，触及了美国的当代现实，恰逢当局对文化艺术界进行清洗，因此他被指控违反宪法，并受到暂时停止导演电影的处理。解禁之后的威廉·惠勒需要有一部让人耳目一新的影片来鼓励自己，同时拯救在政治冲击下衰落的好莱坞电影业。

威廉·惠勒选择了一部浪漫的爱情剧《罗马假日》，这是一部充满喜剧色彩和清新气息的剧本，他邀请当时已经拍了十九部电影、被称誉为“银幕英雄”的好莱坞著名影星格里高利·派克为男主角，由于这部电影对他来说有着至关重要的意义，所以需要一位优雅高贵、而又能让人耳目一新的姑娘来做女主角。

身为好莱坞的著名导演，威廉·惠勒手里有所有电影公司签约演员的名单，但他都没有选择，他把目光落在了一本娱乐杂志封面上，那上面的女星是《金粉世界》中主人公 GiGi 的扮演者。威廉·惠勒知道这部舞台剧，这是由法国著名女作家柯蕾特夫人编写的一部舞台剧。剧目有趣、迷人，剧中的女主角 GiGi 的扮演者活泼、纯真、独立，充满了青春活力，她精彩的表演使这场舞台剧获得巨大的成功，而她也因此登上了娱乐杂志的封面。

威廉·惠勒收回思绪，才发现早已过了约定的时间。这让他有几分恼火。就在他几乎要放弃的时候，门铃声响了起来，然后被推开，一个瘦个子女孩迈着轻盈的脚步走了进来。她大约1米70的样子，一双美丽的大眼睛在浓眉的衬托下炯炯有神，笔挺的鼻梁使整张脸有一种立体感，椭圆的下巴线条柔和，自然红润的唇形丰满性感，虽然没有化妆，但一张脸反而更干净无暇。她浑身上下洋溢着一种清新脱俗的气息，仿佛一个天使突然空降在面前，这让威廉·惠勒眼前一亮。他知道，这就是他一直在等待的姑娘奥黛丽·赫本。

奥黛丽告诉惠勒她自己并不想来，是母亲执意让她来的。奥黛丽显然有些紧张，但她依然挺直腰板站在惠勒面前，双手互握放在小腹前，宛如一茎优雅的荷花，宁静、美好。这份优雅让惠勒的恼火熄了几分。

经过短暂的交流，惠勒发现这个姑娘美丽、善良、诚实、典雅、有修养、有气质，而且聪明、机敏、才华横溢。前几点是成为他的女主角所要具备的特点，而后几点却是成为一个好演员所必需的条件。阅人无数的惠勒看人很准，他相信眼前这个姑娘迟早会在影坛大放光彩。他鼓励奥黛丽，并让她18日来试镜。

《罗马假日》剧照

惠勒为了工作不得不回到好莱坞，但他心里却一直牵挂着奥黛丽试镜的事情，他要求执导狄金森在暗中拍摄，这样才能把最自然、最真实的奥黛丽记录下来。

002.“无为而为”做事，“坚持原则”做人

对于这次应征，身为主人公的奥黛丽远没有威廉·惠勒那么用心。她只是为了母亲。每个人在成长的路上，都离不开母亲的叮咛和唠叨。望女成凤是每一个母亲心中最大的愿望，有些母亲为了达成这个心愿，甚至不惜化身成“狼妈”“虎妈”。奥黛丽的母亲虽然没有虎妈那么极端，但在女儿的成长中，她确实是一个很强势的人。她执意要奥黛丽去见惠勒，也执意要女儿去试镜。奥黛丽是一个孝顺的女儿，她不想让母亲失望。也正是母亲的固执和奥黛丽的孝顺，才会成就一代天使影后。

在威廉·惠勒的指示下，这次试镜简单而又轻松。奥黛丽只需要穿着及地的白色睡袍在公主床上做躺下、坐起、微笑等动作。奥黛丽对这次试镜并没有太大的期盼和渴望，完全只当成对母亲的一次交差，因此她以轻松的状态出现在镜头里。

等试镜结束后，她伸了一个懒腰，然后冲狄金森做了一个可爱的鬼脸，调皮地问：“您看我表演得如何，还可以吧？”说完她自己忍不住笑了，她的开朗和自信感染了拍摄组每一个人，大家都笑起来。奥黛丽却不知道，拍摄并没有结束，她最自然的一面全部被拍了下来。

在《道德经》中，老子提出了“无为”，即心不著相。凡事强求不得，刻意造作往往失败，成事与否与刻意谋画常常无甚关联。反而是自然随缘会成就许多机缘。关汉卿看透这一点，才会说出“有心栽花花不发，无心插柳柳成荫”的名句来，而这句话用在奥黛丽身上是最恰当不过的了。

当她的试镜片在惠勒的播放机里转动时，一个自然率性、活力四射的公主形象便出现在片场工作人员的眼前，大家都被她迷住了，惠勒当即拍板签约，因为他要拍摄的这部《罗马假日》中所需要的恰恰便是一个妩媚纯真的优雅公主。他想，奥黛丽是最佳人选。事实证明，他没有看走眼。

都说世相迷离，面对诱惑，人们很难坚守住自己的信念，男人们尚且难以坚守，漂亮的女孩子们要做到这一点更难。欲望和诱惑是灵魂世界的烟尘，常常蒙蔽我们的心灵，在迷糊混沌中忘记自己的原则。不过，奥黛丽不是这其中的一员，她有自己的主张，她坚持自己的原则，惠勒很快便知道了这一点。

1951 年 10 月 15 日，是一个寒冷的日子。街道上寒风萧瑟，而在奥黛丽与母亲居住的公寓里，却洋溢着火热的气息。派拉蒙公司和奥黛丽即将达成合约。

奥黛丽的母亲艾拉夫人为女儿有辉煌的前途开心不已，因为如果签约成功的话，奥黛丽将成为首位同时签约好莱坞和百老汇的非著名演员。

但派拉蒙在签约之前却提出一个条件：要奥黛丽·赫本改掉姓氏“赫本”。原来派拉蒙公司在之前已经签约了一位演员，名叫凯瑟琳·赫本，是当时正红的一位大明星。为了不让奥黛丽与凯瑟琳撞名，所以公司提出了这个条件。

母亲可不想女儿的前途毁在这两个字上面，她劝女儿答应公司的条件。谁知一直孝顺的奥黛丽这一次却坚持己见，她拒绝了派拉蒙提出的条件：“如果想要和我签约，就要接受我的姓氏。”奥黛丽·赫本的坚持让公司上层有些恼火，但最终他们撤销了这个条件。

坚持自己的原则，不被外界的环境、观点、立场等左右，奥黛丽才得以以自己的全名签约好莱坞，也以全名而名扬天下。实在无法想象，如果奥黛丽·赫本处事没有自己的原则，那么后来名扬天下的会是奥黛丽·赫本吗？

003. 明明有颜值，却要靠实力

睿智是男人的墓铭志，美貌是女人的通行证。一个女人拥有美丽的容颜，便会得到比普通女子多许多倍的宠爱，男人们总是身不由己地被美貌女子所打动和吸引，他们争先恐后为她颂唱赞歌，心甘情愿奉献自己的一切，因此才有“美貌是女人的第一资本”之说。

而正是由于想要的东西可以轻而易举地获得，这些美貌女子变得娇气，她们不能吃苦。对于这一点，一直与年轻女演员们打交道的威廉·惠勒最有体会，但美丽的奥黛丽却让他改变了这个看法。

1952 年的夏天是罗马有史以来最热的一个夏季。太阳恣意泼洒着它的光和热，即使是躲在家里都感受不到丝毫的凉爽，大街上更像是着火一般炙热，演员们脸上化妆的油彩经常拍到一半就溶化掉了。剧组里的很多人都在抱怨这个鬼天气，而柔弱的奥黛丽却从不叫苦。每一场戏她都专心致志地去拍，从没有因为炎热的天气而提出休息。

赫黛丽剧照

比天气更糟糕的是罗马的政治形式，当时恰逢五月选举后期，法西斯分子、共产党人、基督教民主党人经常发生战争，随处可见恐怖活动者和罢工的工人们，这些因素让奥黛丽的工作充满了危险性，但她从来没有埋怨过。哪怕一个镜头半天重复拍摄五六十次之多，她依然保持冷静和配合。

奥黛丽这种吃苦耐劳、坚忍不拔的意志折服了剧组所有人，就连从不轻易夸赞演员的惠勒也忍不住夸赞她说：“奥黛丽是一个能吃苦耐劳的女孩子，她在工作中的不懈努力让人叹服，在美丽的女孩子中，她属于那种快要绝种的类型。”

成功，是一个永久不变的话题，只要人类存在，这个话题便会永远说下去。无论是走进图书馆，还是点开网上书店，教授人们如何走向成功的书籍比比皆是。五花八门的成功之路看得人眼花缭乱，但细看会发现，成功只要两个条件：机智聪慧的头脑和执着认真的工作态度，只有把这两者完美地结合起来，才能走向成功。这一点，奥黛丽做得特别好。

那个炎热的夏季，罗马的大街小巷处处充斥着热浪、流弹、恐怖和嘈杂。但就是在这纷乱之中，一位高贵完美的公主诞生了，她像是一朵妩媚、清纯的莲花在世人的眼前冉冉绽放，给这个世界带来一股清新的气息；又像是一个典雅、灵性的天使突然间降落在人间，让世人都眼前一亮。一夜之间，奥黛丽·赫本征服了全世界所有观众的心。

凭着在《罗马假日》中的优秀表演，奥黛丽获得了当年的奥斯卡最佳女主角金像奖，这是赋予一名演员最高的荣誉。但奥黛丽并没有得意忘形，她谦逊而又心怀感恩地说：“我非常幸运，因为我遇到了最好最优秀的导演，如果不是威廉·惠勒当初找到我并鼓励我，我想我不会有现在的成绩。”

二、父爱是一张千疮百孔的网

我崇拜父亲，他离开我们，让母亲非常伤心，让我觉得不安，我害怕极了，我该怎么办？我觉得天崩地裂。父亲的离开或许影响我终生。

——奥黛丽·赫本

001. 优秀的男人不一定是个称职的父亲

当奥黛丽·赫本站在纽约世纪剧院的舞台上，手捧奥斯卡最佳女主角金像奖时，面对无数影迷倾慕的目光，奥黛丽难以抑制内心的喜悦。她简短地向大家表达了自己的激动和感谢，便迫不及待地跑下了台，她要把这份喜悦和最爱自己的人分享，这个人就是她的母亲艾拉·范·希姆斯特拉女爵。

此时，艾拉·范·希姆斯特拉女爵就在台下，她的眼里闪烁着骄傲的泪花。看着所有的闪光灯都投影在女儿身上，女儿宛如一颗璀璨的星星，光芒四射。这位单亲妈妈此时的心情比女儿还要激动一千倍。只有她最清楚，成功之前那个默默无闻的奥黛丽过着怎样拮据和辛苦的生活；也只有她最清楚，从没有学过表演、缺乏经验的女儿每次面对镜头时，有多么地紧张不安。这一刻，当女儿手捧金像奖向她跑来，她心中充满了欣慰。

相信每个人对于布鲁塞尔都有所耳闻，这里拥有全球最精美的建筑和博物馆，温和湿润的气候造就了美丽的自然环境，因此，布鲁塞尔又被称之为欧洲最美丽的城市。1619 年，撒尿男孩小于廉“降生”在布鲁塞尔，他天真调皮的样子俘虏了所有来此的人的目光，从此让布鲁塞尔闻名天下。

而在 300 后的 1929 年，一个美丽的小女婴也诞生在这座城市，她

奥黛丽与父亲

像是一个小精灵，为父母带来无尽的欢乐。20年后，这个小女婴长成一名美丽聪慧的女孩，凭着她优雅高贵的气质和完美的性格，征服了全世界的心，被盛赞为降落在凡间的天使，这个女婴便是奥黛丽·赫本。

我们可以选择自己的事业和婚姻，但却无法选择自己的父母和家庭。无论他们是好是坏，是美是丑，是善良还是邪恶，是重义还是寡情，早就在前世注定。当命运之神将我们托付给那两个人，便注定了一生都要与他们血脉相连，割不断的亲情会将我们缠缠绕绕，牵系在一起，直到生命的尽头。

但虽然同吃五谷杂粮，却人心各不相同。多数父母把孩子看成手中宝，心头肉，舍不得让孩子受半点委屈；也有那个别的父母却心狠如铁，他们只看重自己切身的利益，孩子对于他们来说，只是路边的小草，树枝上的小鸟，与他们毫无半点关系。奥黛丽·赫本的父亲便是这样一个心狠如铁的人。

奥黛丽·赫本的父亲约瑟夫·维克多·安东尼·罗斯顿是英国的一名银行家，有关于他的事迹和言论留存于世的并不多，不过在后来奥黛丽的儿子肖恩·赫本·费勒为母亲写的传记《天使在人间》一书中，我们可以看到肖恩是这样描述他那位心冷如冰的外祖父的：

“在我母亲的很多传记中，外祖父都被描写成一个出色的银行家，然而事实上他从来没有在任何工作上努力过，这也许是最可悲的一点。除了工作，在其他的方面，不可否认，他是十分出色的。他是一个真正的艺术爱好者，且有天赋。他是一个出色的驯马师，也通晓驾驶滑翔机的所有技巧，掌握了很多‘不实用’的科学知识，并且具有很强的创新精神。”

罗斯顿是英王爱德华三世的后裔，在那个盛行血统论的年代里，他为自己有着王室血统而自豪，但他的不务正业却无法保证殷实富足的物质生活。一直在想，罗斯顿与艾拉的婚姻究竟是基于爱情呢？还是只是一场交易？因为与罗斯顿结婚时，艾拉·范·希姆斯特拉已经是两个孩子的母亲。

不过即使是一场交易，其中也一定有爱情的成分存在吧。试想如果没有爱情，哪一个身份显赫的男人会去娶一个有两个孩子的单身母亲呢？但对于艾拉来说，这场婚姻中的交易明显比爱情的成分更多一些。

002.没有爱情的婚姻是一场赌博，最大输家是孩子

艾拉夫人是一个荷兰贵族后裔，世袭“男爵”的贵族头衔。和每一个青春少女一样，小时候的艾拉也有自己的梦想，渴望拥有苗条的身材，做一名歌剧演员，做一名英国人。但优良的教育和贵族血统塑造了一个保守传统的女子，她只能把自己做演员的梦想深深埋藏起来，循规蹈矩地结婚、生子。

不过她的第一次婚姻并没有持续多久，在生下两个孩子后她的婚姻就破裂了。那个年代的欧洲，情人司空见惯，离婚单身反而不多见。但艾拉并没有像世人那样守着不幸的婚姻，去婚外寻求安慰。她离了婚，带着两个儿子坚强而独立地生活着。对待婚姻和人生，艾拉有自己的原则，多年后，女儿奥黛丽·赫本完全遗传了母亲这一优点。

每个人都有梦想，实现梦想的方法无非两种：一是实干，努力拼搏；二是靠人脉，走捷径。不过，不是每一个梦想都能通过自己的努力来实现的，譬如艾拉梦想要成为英国人，这就是凭实干所不能实现的梦想，她只能选择第二种，靠人脉，走捷径。

杨澜曾经说过一句话：找一个帮你实现梦想的老公。世间很多女子都是这样做的，艾拉也是这样做的，她在离婚一年后，与英国的贵

族后裔罗斯顿结婚，成为了一名英国媳妇。

事实上，在与艾拉交往时，罗斯顿的身份是一个有妇之夫。他认识艾拉之前，与荷兰女子柯内莉雅·威廉明娜·毕肖普结为夫妻。

在艾拉看来，罗斯顿有着光鲜的打扮，配上他英俊帅气的外表，完全就是一个事业有成的男人。因此艾拉为他而着迷。但艾拉却不知道，罗斯顿是个好吃懒做的人，他与毕肖普结婚后，一直以毕肖普的积蓄生活。关于这一点，罗斯顿是永远也不会让她知道的。

两个人虽然都有过婚姻，对经营婚姻有相对丰富的经验，但这次婚姻依然最终以失败结束。结过婚的人都明白一个道理：一切不以爱情为前提的婚姻都是赌博，而且在这些赌博里，最大的输家是孩子。

想必在婚姻的最初，这对夫妇的相处也是极为愉悦的。他们也有琴瑟相合、夫唱妇随的美好时光，奥黛丽·赫本的诞生便是幸福生活的最好见证。

不过，幸福并没有因为奥黛丽的降临而在这个家庭做太久的停留。如果说婚姻是一块幔帐，那么不同的文化背景和不同的性格便像是一柄锋利的尖刀，将这块幔帐割裂出一条条的裂缝，露出里面的不堪来。

父亲罗斯顿常常在外，家里只留下母亲和幼小的奥黛丽。这时候的奥黛丽很想念父亲。她是多么想要父亲摸摸她的头，亲亲她的脸，像邻家小朋友的父亲那样给她一个温暖的怀抱。但每次父亲回来，总是忽略掉她，他所有精力都只是用来和母亲做无休止的争吵。

他们争吵的时候，小奥黛丽悄悄躲在一边，一双美丽的大眼睛里闪动着困惑，年幼的她不明白父母为什么要吵架？而不是像别的父母那样相亲相爱。

在奥黛丽六岁那年，父亲和母亲的争吵日趋白热化。终于，有一天，她看到在母亲喋喋不休的吵闹声中，父亲开始收拾自己的行囊，然后拎起皮箱头也不回地离开了家。任凭她在后面撕心裂肺地喊爸爸，直喊到嗓子嘶哑，那一刻，幼小的奥黛丽已经明白，属于自己生命中最宝贵的那份爱从此遗失了……

对于尚未成年的孩子来说，家是安全的代名词，更是快乐之源。

父亲的不辞而别让奥黛丽心中充满了失落。她是那样渴望爱，但她不知道该在谁那儿获得这份爱，她陷入了深深的悲伤之中。艾拉和罗斯顿可能都没有想到，这份对爱的渴望伴随了奥黛丽一生，而渴望不能得到满足的忧伤也陪伴了她一生。

对于丈夫的抛弃，艾拉充满了愤怒和埋怨。家里只有奥黛丽，因此她的负面情绪自然而然地要由奥黛丽来分担。但一个才几岁的孩子怎么能负荷得起这份沉重？那段日子里，奥黛丽·赫本就像是一只被遗弃的小动物，瞪着惊恐的眼睛茫然无措地望着这个纷乱的世界。

003. 以爱报怨，学习赫本最完满的孝道经

我们都有这样的体验：生命中越缺什么，越渴望什么。母亲越是无休止地数落父亲，奥黛丽就越是渴望父爱。就像她的儿子肖恩说的那样："失去父爱的母亲就像是一棵生长在阴暗处的树木，尽管见不到阳光，它的树枝还是会千方百计地向阳光的方向生长。"

人是一种感性动物，从生到死这个过程中，我们有许多情感上的体验：高兴、厌倦、憎恨、悲伤、喜欢等等。在这些情感体验中，最折磨人的莫过于思念，因为它总是让人魂牵梦萦，欲罢不能。奥黛丽·赫本人生中第一个刻骨铭心的情感体验便是思念，幼小的她尚不懂得成人之间的感情纠葛，在无数个夜里，痛苦的思念让她暗暗哭泣。

思念无处宣泄，奥黛丽想到了写信。她要把自己对父爱的渴望通过邮局寄到父亲的手里。那时候，奥黛丽只有七八岁，是英国贵族寄宿学校的一名学生。很多时候，她总是独自一个人趴在桌子上，用一支笔在信纸上写字，她用自己认识的有限的文字去倾诉她对父亲的思念。但她的信寄出去却一直没有回信，遗失的爱无处找寻，她的思念依然无处安放。

单亲家庭的孩子在情感体验上会出现一系列的问题，其中，怨恨是最常见的问题。年幼的奥黛丽·赫本也有过怨恨。她怨父母为什么要分开，她怨恨父亲，嫌他不忠于婚姻。在赫本的儿子写给她的传记《天

使在人间》中，他写道：“因为愤恨，她放弃了那个家庭所拥有的全部尊贵头衔，搬到她的外祖父家居住。我从来没有见过我的外曾祖父，在我出生前三年他就去世了。我母亲很少提起她以前的生活，不过她总是说，外祖父在很大程度上充当了父亲的角色，因为父亲很早就离开了她，在她的童年生活中对父亲的印象很淡。20年后当她与父亲重逢时，两人之间也没有流露出父女间那种深厚的感情。”

但遗失的爱并没有让奥黛丽·赫本变得自私狭隘和小肚鸡肠，相反，长大后的奥黛丽变得宽容、善良。这是因为她有一个要强的母亲。

身为荷兰世袭男爵贵族，艾拉在一个严厉且具有维多利亚文化的家庭中长大，因此她为人处世端正正直。她对女儿和儿子们说："做女爵的孩子不会让你与众不同，你们要坐得端正，站得笔直，随时随地保持优雅的礼仪。不要忘了，礼仪意味着友善。所以要永远保持友善。要记得为老妇人开门，这样才能帮助她们。"

母亲对这样的处事态度坚定不移，如果奥黛丽·赫本和哥哥们没有守规矩，为他人着想，就会受到母亲的责问。正是这种"他人为先己为后"的观念让奥黛丽学会尊重他人，体谅他人，因此她的怨恨也在这种思想观念中逐渐减弱。

斯托夫人说："母亲是天生的哲学家。"在这一点上，奥黛丽·赫本的母亲艾拉夫人显然是一个优秀的哲学家，她因为婚姻失败而让女儿沦为单亲孩子，但她又因自己的品格而让女儿远离愤恨和哀怨，成为一个心地宽厚的优雅女子。

在多年以后，奥黛丽·赫本的丈夫梅尔·费勒通过红十字组织寻找她的父亲，并与他约好父女两个见上一面。在都柏林谢尔伯恩酒店的大堂里，看到奥黛丽的时候，父亲罗斯顿像尊雕像一般站在那里，没有走近，也没有伸开双臂拥抱，他脸上的表情一如当年他甩开六岁奥黛丽的小手那般冷漠和骄傲。

但奥黛丽·赫本主动走上前去拥抱了他，就像其他那些幸福的女儿拥抱自己慈祥的父亲一样。虽然父亲的遗弃让她心中受到极大的创伤，但她依然选择了宽恕和原谅。甚至为了担心他会内疚，在这次团聚中奥黛丽一直努力忍住眼泪。

在接下来的岁月中，奥黛丽的父亲一直接受着女儿的赡养，虽然他在女儿的成长过程中一直缺席，没有尽到做父亲的责任。但奥黛丽认为这是两码事。她说："他们只是平凡人，抱怨并不能改变什么。他没有做到他应该做的，不意味着我就应该以牙还牙。我必须做到我自己该做的那一部分，不论我曾经被伤害到什么程度。"

三、母亲是个哲学家

小时候，母亲总是告诉我，如果引人注目就是不礼貌。永远不要出洋相。母亲告诉我："要准时""记得要想想别人""不要老是谈你自己，你没什么了不起，这世上还有别人"。

——奥黛丽·赫本

001. 六周后，我将告别人世

提到童年，每个人都会有说不完的话题：父母的宠爱、小伙伴儿的嬉耍，甚至是一只小小的鸟雀，都会让我们的童年回忆充满快乐。但巨星奥黛丽·赫本的童年却是伤感的。她的童年除了父亲的遗弃，还有病痛的折磨、生活的窘迫和战争的恐惧，这所有的一切都是负面的，没有丝毫的快乐可言。奥黛丽的童年是一个忧伤的童年。

曾经有一次，奥黛丽对儿子肖恩说："如果将来我要写自传，开头会是这样'1929年5月4日，我出生在比利时布鲁塞尔……六周后，我告别人世。'"这不是黑色的幽默，也不是一个母亲哄儿子开心的玩笑，在奥黛丽出生后六周的时候，她便与死神面对面地接触过。

在20世纪20年代，百日咳还是一种没有办法遏制的传染性疾病，如果有谁不幸传染上这种病，便只能接受命运的安排。如果是新生儿被传染上这种病，那么死亡的概率几乎是百分之百。

不幸的是，刚出生六周的奥黛丽患上了这种病。奥黛丽的父亲是一个银行家，他不会把时间用在守护家里的婴儿之样的事情上。而奥黛丽的母亲，艾拉偏偏又是一个虔诚的基督教信徒，她深信仁慈的上帝比医生要万能，所以当女儿患病的时候，她没有送奥黛丽去医院，而是在家里为孩子虔诚祈祷。

上帝真的能治病吗？我想起我们小区的一个名叫良子的男子，他的媳妇是虔诚的基督教徒，每日里三遍跪拜祈祷。一天半夜，良子突然喊心口痛，他媳妇连忙跪在外面客厅里开始祷告，在她祈祷的过程中，良子没有再闹腾难受，而是逐渐安静下来，因此她深信上帝会为良子解除痛苦。可是等她祷告完再走进里屋，却发现良子早已停止了呼吸。尸检报告说良子死于急性心脏病，如果发病的时候就送去医院的话，完全会被抢救过来。就这样，在良子媳妇以为上帝来帮助她的时候，死神却来带走了他。

奥黛丽遇到了与良子同样的情况。艾拉夫人的祈祷并没有让小奥黛丽的状况得到改善。在几次剧烈的咳喘后，她的呼吸突然停止，柔弱的身子也逐渐发紫。这可把艾拉夫人吓坏了，她顾不得祈祷，一手提起小女儿的身子，另一只手拼命地拍打她的屁股。就在艾拉夫人绝望的时候，奇迹出现了。小奥黛丽咳嗽了几声后，悠悠地醒转过来，呼吸也逐渐顺畅。在艾拉夫人的精心照顾下，小奥黛丽的百日咳竟然不治而愈。

我们无法想象，如果奇迹没有出现，那么好莱坞就不会有影后奥黛丽·赫本，而我们的世界也会因此而逊色许多。索福克斯说："人世间有许多奇迹，人比所有奇迹更神奇。"小奥黛丽以后的人生完美地诠释了这一点。

死神虽然撒手而去，但却给奥黛丽留下后遗症，百日咳后紧接着就是"二战"带来的饥饿，这让小奥黛丽的身体受到严酷的摧残，严重的营养不良使本来就身体羸弱的奥黛丽小小年纪便患上了哮喘。小奥黛丽要承受哮喘给她带来的胸痛、呼吸困难等折磨，这是一种让人痛苦的病症。

正是因为童年承受了这么多的不幸，所以奥黛丽·赫本在晚年时期才会把所有精力都投注到慈善事业中去，她担任联合国儿童基金会亲善大使，为那些在苦难中的可怜孩子们奔走。

02. 从单亲孩子到“二战”难民，屋漏偏遇连夜雨

在一个周末的早晨，六岁的小奥黛丽开心地在屋里跑来跑去，最后淘气地钻到餐桌下，等母亲和父亲来发现自己。她在等父亲来找她，她已经想好，等父亲掀开桌布，她就爬出来给父亲一个深深的拥抱和甜甜的亲吻。

但她没有等来父亲的呼喊声，而是听到父亲和母亲的争吵声。他们的声音越来越大，期间还夹杂着母亲的抽泣。小奥黛丽吓坏了，她惊恐地掀起桌布，却看到父亲正提着一个行李箱往外走。她冲出去一把拽住父亲的衣摆，祈求他不要走。谁知父亲连看都没有看她一眼，拂掉她的手，头也不回地走出了家门。

小奥黛丽没有想到，父亲这一走就走出了她的生命。后来，罗斯顿先生向艾拉夫人提出要奥黛丽的探视权，为了奥黛丽能够在英国接受好的教育，艾拉夫人答应了丈夫的要求。于是，六岁的奥黛丽被父母送进英国肯特郡的寄宿学校念书。

去学校的那段日子是小奥黛丽最难过的日子，她是多么想要每天都陪伴在父母的身边啊。但她却不知道，她与父亲的更长久的持续一生的分离即将到来，比起这样的分离，寄宿学校的离别真的算不了什么。实在想不出世上还有什么样的别离比父亲的遗弃更加让人难过和痛苦的了。

艾拉夫人以为罗斯顿先生将女儿带在身边，就会好好照顾她，谁知让她和奥黛丽都没有想到的是，罗斯顿并没有把更多的精力用在女儿身上。他只是忙自己的事情，奥黛丽在肯特郡私立女校读书的四年中，父亲罗斯顿只去探视过她四次。

多年以后，奥黛丽回头看才明白，从父亲离开家那一天起，她的所有关于成长的一切都与他无关了。纵使奥黛丽渴望父爱泛滥成灾，他都没有再拥抱她，给她父爱以慰藉。

父亲离家出走了，父母离婚了，面对家庭的突然变故，小奥黛丽

的心中充满了忧伤，多年以后她说：“我在六岁时就没有了父亲，这对我来说是件特别糟糕的事情。如果仅仅是能经常见到他，我还能感到父爱。但是事实情况是，我经常泪流满面地回家，就是因为羡慕有父亲的人。”小奥黛丽在思念父亲的时候，万万没有想到，接下来还有很多不幸等着她。

因为父母离婚，奥黛丽一夜之间变成单亲家庭的孩子。偏偏又赶上“二战”爆发，英国是参战国，而荷兰是中立国，为了安全着想，艾拉夫人带着她离开英国回到荷兰的娘家。失去父亲的关爱已经让这个小姑娘悲伤难过，还要离开熟悉的环境和小伙伴，这对于小奥黛丽来说不亚于雪上加霜，但她太小了，除了接受母亲的安排，她没有别的办法。

回到荷兰后，对父亲的思念和对陌生环境的不适让小奥黛丽茶饭不思，骨瘦如柴。关于这段童年忧伤的心路历程，奥黛丽曾经告诉过她的孩子们，因此在《天使在人间》一书中，肖恩有这样的描述：“我们都看到过这样的事：就像生长在阴暗处的树木，尽管见不到阳光，它们的树枝还是会千方百计地向阳光的方向生长。来自我母亲童年心灵深处的那种渴望被拥抱的声音总是环绕在她身旁，她总是无法理解别人对情感为何会有不同的态度。母亲浪漫的天性让她做不到主动去要求得到什么，虽然她内心深处是如此的渴望。她希望所有的一切都发生得那么自然，就像她非常喜欢收到鲜花，但是从来不主动要求别人送给她。我的外祖母和外祖父在母亲很小的时候就封闭了对她的感情，外祖父甚至抛弃了母亲和外祖母，在某种程度上可以这么说，当母亲尚年幼，尚还需要父母的爱时，却面临着这种感情问题，所以母亲一度变得内向而自闭。”

情感上得不到呵护的小奥黛丽把自己的世界封闭起来，她不再爱说爱笑，整天只是独处一个角落里发呆。

看着女儿变得越来越沉默，也越来越消瘦，艾拉夫人心疼又担心。为了让奥黛丽的身体健康一些，也为了让她走出自闭，艾拉夫人决定送小奥黛丽去学芭蕾，期望在那种集体生活中，她能变得开朗活泼一些。

艾拉夫人的决定是正确的，芭蕾舞训练对奥黛丽的身体发育起到了至关重要的作用，长大以后的她虽然瘦弱，但身材高挑，四肢匀称、结实有力。

在年幼的奥黛丽心中，最初的梦想与电影演员毫不相关，她最大的梦想是成为一名芭蕾舞团的首席女舞蹈家。

003. 左手是梦想，右手是信仰

艾拉夫人告诉女儿，做人一定要有自己的梦想，将来才能有自己的事业。

但就在奥黛丽梦想成为芭蕾舞团首席女演员的时候，第二次世界大战的战火延烧到荷兰。奥黛丽居住的阿纳姆市饱受炮弹的轰炸，变成一片废墟。

但这对于奥黛丽的家族来说还不是最可怕的灾难。最可怕的是男爵家族被视为第三帝国的敌人，因此占领军没收了男爵家族的所有财产，还处决了奥黛丽的舅舅。从此奥黛丽和母亲被迫过着饥寒交迫的日子。没有粮食吃，奥黛丽不得不以郁金香球根加大量冷水来充饥。

即使生活过得如此清苦，但奥黛丽依然不断锻炼她最爱的芭蕾舞，即使穷到要穿上最难挨的木制舞鞋也没有关系。多年以后，回忆起这一切，奥黛丽说："是梦想，梦想让我心中充满了希望。"由此可见，梦想对于一个人是多么重要。

因为梦想是一个目标，是让自己活下去的原动力，是让自己开心的原因。有梦想是一件幸福的事情，因为梦想可以给你希望和信念，你会为了实现它而努力去奋斗。虽然人生的道路荆棘密布，会跌倒也会沮丧，但梦想总是会给你足够的力量去战胜这一切。

如果说父亲的遗弃是奥黛丽童年的忧伤，那么战争的残忍便是奥黛丽童年的创伤。她经常趴在窗户上，从窗帘的缝隙里偷偷看纳粹队伍在城市里巡逻，每当那些士兵走到窗前，她都会提心吊胆起来。她还亲眼看到成群结队的犹太人被押上了火车送往集中营，空气中弥漫着恐慌的气氛。

奥黛丽后来对儿子们说起那个时期，肖恩曾经详细地描述到这些：“她永远不会忘记一个穿着红大衣的小女孩被纳粹军队塞进一辆牛车中带走。很多年以后，当她看到《辛德勒名单》时，斯皮尔伯格用他的想象让她重新回忆起那个残酷的现实世界。”（《辛德勒名单》是一部黑白影片，但是全片有一个穿着一件红色大衣的小女孩，这也是整部电影唯一的彩色。）

因为孩子不容易被怀疑，纳粹士兵很少拦住他们仔细盘查。所以奥黛丽也加入到小游击队员的行列中。她曾经跳舞为战争募捐，也曾经为游击队员传送消息。在这场战争中，小奥黛丽不只是一名旁观者，更是一名参与者。她尽了一个孩子能尽的最大努力来帮助那些抵抗组织。

小奥黛丽之所以会这样做，是因为奥黛丽和母亲一样从小受到信仰教育，她的信仰建立在人道主义、人性的善良和不断繁衍、生长的自然界中，她的信仰来自那愿意付出一切去改善现状的博爱胸怀。

信仰是人们对生活所持的某些长期的和必须加以捍卫的根本信念，是一种灵魂式的关爱。信仰不但可以提升人们的道德境界，而且可以塑造人们的道德人格；它是道德行为的动力，更是人生路上的“指向灯”。因为信仰，所以小奥黛丽才会在战争中积极参与，也正是因为有信仰，晚年的奥黛丽才会把慈善事业看得比她的演艺事业更重要。

无论后来成为银幕巨星的奥黛丽生活多么辉煌，但战争带来的恐惧笼罩了她的整个童年。在阿纳姆市的日子里，由于德军的占领，没有食物、药品和服装，有的是无穷无尽的疾病、饥饿和寒冷，小奥黛丽不得不经常一整天躺在床上来对抗饥饿和寒冷。

在那段战争的岁月里，小奥黛丽做梦都盼着战争结束。

四、哥哥是成长路上最优秀的榜样

加入荷兰陆军的哥哥在战争中失踪了，我和母亲不知道他的下落，一想起他，我就嚎啕大哭，我一遍又一遍问自己："是不是哥哥已经被杀了？是不是所有人都会失踪？是不是我也会被抓走？我才12岁，我很害怕。"

——奥黛丽·赫本

001．一母同胞，是最佳的儿时玩伴

奥黛丽的童年时期充斥着因父母的争吵和别离带来的恐惧和忧伤，这是奥黛丽·赫本一生中最遗憾的事情。不过，让她略感安慰的是，在那些昼夜不断的忧伤里，有两个哥哥陪伴她度过，并给她快乐。这两个哥哥就是亚历克斯和伊安。

亚历克斯和伊安不是奥黛丽的同父兄长，他们是艾拉夫人和印度尼西亚的范·乌佛德先生结婚生育的一双儿子，亚历克斯1920年出生，全名叫阿诺德·罗伯·亚历山大·夸尔斯·范·乌佛德，比奥黛丽·赫本大9岁。伊安于1924年出生，全名叫伊安·艾德加·夸尔斯·范·乌佛德，比奥黛丽大5岁。

早在奥黛丽还在母亲肚子里时，两个哥哥就期盼着她的到来。在母亲和继父携带他们从英国去往比利时的途中，亚历克斯和伊安在船上跑来跑去，然后趴在母亲已经七个月身孕的大肚子上，对奥黛丽诉说海面上的美丽景色和狂风巨浪。

他们年纪尚幼，根本不懂得因继父游手好闲而即将来临的家庭风暴，也不会因继父对他们的冷淡而不开心。他们的眼里除了寒冬里的大海风光，便是即将降生人世间的妹妹奥黛丽了。

奥黛丽出生后，便受到两个哥哥的热烈欢迎，虽然艾拉夫人是一

个性格严肃的女爵，但这并不影响9岁的亚历克斯对妹妹表达自己的手足之爱。5岁的伊安也会模仿哥哥的样子，去亲吻奥黛丽稚嫩的额头。他们每天都会凑到小婴儿面前，亲亲她的脸蛋，向她诉说他们对她的爱。

试想，童年时光如果没有兄弟姐妹的陪伴，成长该是一件多么孤独的事情啊！而且，只要有过兄弟姐妹的人都知道：一母同胞，是最佳的儿时玩伴！

在布鲁塞尔居住的时候，艾拉夫人经常带奥黛丽和两个儿子去荷兰安恒的外婆家玩耍。外婆老家在乡下，于是只要母子四个回到那里，那里的人们就会经常看到两个小男孩和一个小女孩在乡间路上散步的情景：哥哥们在前面又跑又跳，奥黛丽在后面蹒跚着步履追赶。追赶不上时，就会带着哭腔奶声奶气地喊哥哥。亚历克斯和伊安听到后就会马上停下来，回身抱她，安抚她，直到把她逗笑为止。

哥哥们的爱护一直陪伴着小奥黛丽5岁之前的整个童年。他们虽然是男孩子，却会陪她做女孩子的游戏，比如猜谜游戏。因为奥黛丽太小，语言词汇还不丰富，于是哥哥们交给她用肢体动作来表达。兄妹三个比比划划，手舞足蹈，常常引来乡民的围观，他们夸兄妹三人是粉雕玉琢的小天使，尤其夸小奥黛丽是坠入人间的小精灵。

刚开始听到这样的夸赞，小奥黛丽很羞涩，

她会躲在两个哥哥怀里，只是睁着一双炯炯有神的大眼睛看向众人。后来，她看到哥哥们对这样的赞美大方接受，她也变得勇敢起来，每当有人夸赞她的时候，她不再躲藏，而是笑咪咪地坦然接受。长大后成为明星的奥黛丽，每一次站在舞台上虽然不安，却依然坦然地笑对媒体，心底的勇气，便是在儿时哥哥们的陪伴下扎下的根。

哥哥们会陪小奥黛丽玩女孩子的猜谜游戏，她也会参与到哥哥们的男孩子游戏里去。后来，奥黛丽性格独立，喜欢运动，也和儿时与哥哥们一起参与男孩子的游戏有因果关系。

奥黛丽·赫本虽然很小，但她能够感受到哥哥们对她的爱护，她也爱哥哥们。看到他们淘气顽皮的时候，会为他们担心。从小奥黛丽就很聪明机灵，即使才四五岁，当她发现哥哥们有可能有危险而自己无法阻止时，她会想到寻求母亲的帮助。

事情是这样的：有一天，兄妹三人又去乡间玩耍。来到一棵大树前，亚历克斯逗伊安说，自己能爬上树，但他却不能。说完便蹭蹭上了树。伊安不服气，也撸起裤管往树上爬。

小奥黛丽一直跟在哥哥们身后，看到哥哥们爬在树上，她仰着小脸大声地喊："不要，妈妈说有危险，不要爬树。"

但两个淘气的小男孩打起赌来，又怎么会听小奥黛丽的话。他们根本不管奥黛丽的呼喊，自顾往树上爬去。很快，亚历克斯便爬到树杈上，然后还把伊安也拉上树杈。兄弟两个得意地大笑起来。

等到要想下树的时候，他们才发现，树杈距离地面是那么高，他们根本无法下来。兄弟两个在树杈上试了好几次，差点要掉下来。

看哥哥们在树上无法下来，小奥黛丽比他们还要着急，但她也想不出好办法来。小奥黛丽急得围着树转了好几圈，然后她仰脸喊："你们别动，我去叫妈妈来。"说完便撒开两条小腿跑起来。因为心急，她还摔了一跤，但奥黛丽全然不顾，爬起来继续往外婆家跑。

不大一会儿，艾拉夫人和一群仆人来到树下，将亚历克斯和伊安抱了下来。艾拉夫人训斥说："你们怎么可以不听妈妈的话，你们知不知道爬树有多危险？必须要惩罚你们了。"

小奥黛丽听说母亲要惩罚哥哥们，心里很担心，她舍不得哥哥们挨打。不过很快她便知道，艾拉夫人所说的惩罚，并不是体罚，而是将兄弟二人送去住校。

从那以后，亚历克斯和伊安的大多数时间便都在学校里度过，只有周末，才是他们与妹妹奥黛丽共处的时光。

虽然兄妹结束了相陪相伴的时光，但那段时光却是奥黛丽一生中最无忧无虑的时光，因为哥哥们的陪伴，赋予她十足的安全感，后来父亲的离开，加上战事纷乱，她的安全感在消失，不安充满了她的心。

哥哥们的陪伴和呵护不但赋予了她面对人生的勇气，也在她心底根植了爱和陪伴的种子。后来她选择做爱心大使，追溯原因，这与童年时期，哥哥们的陪伴是分不开的。

002. 死神来临的日子：比起分离，失踪才是最让人恐惧的

如果只是哥哥们住校，那样的别离还只是短暂的，因为周末他们会回家来和奥黛丽团聚啊！

每次哥哥们回来，都是奥黛丽最开心的日子，她追着两个哥哥，有说不完的话，有分享不完的开心事。但那时的奥黛丽并没有意识到，她和哥哥们很快就要迎接一次长久的别离。

1935 年 5 月那个周末的早晨，父亲甩开 5 岁女儿的小手离家出走。小奥黛丽不知所措地站在门口，怔怔地望着父亲离开的方向掉泪。这时，回家度周末的亚历克斯和伊安围拢上来，将她拥进怀里，安慰说：“不要难过，你还有我们。我们会永远和你在一起的。”

此时，亚历克斯已经是 15 岁的少年，他有着高高的个子，和宽阔的臂膀，而伊安也已经是 11 岁的小男子汉。两个哥哥的拥抱，给了小奥黛丽很大的温暖。

但这样的温暖只持续了半年。

1936 年初，小奥黛丽跟随父亲罗斯顿去往英国肯特郡私立女校。

她要面对和两个哥哥长久的分离。兄妹三个谁也不知道这次分离有多长的时间。不过这次分离并没有让他们有多大的悲伤，因为亚历克斯和伊安有他们的同学，而小奥黛丽则是因为有了父亲，在手足情谊和父女之情上，她更依恋父爱。所以，虽然离开哥哥们让她有些忧伤，但她更加兴奋的是接下来和父亲在一起的生活。

不过，冷淡的父亲并没有赋予小奥黛丽梦想的温暖父爱，在住宿期间，小奥黛丽给父亲写信，也给远在荷兰的母亲和哥哥写信。在给哥哥们的信里，她倾诉自己的思念和彷徨。她说："……这里很好，我喜欢老师和同学们，但我不喜欢在教室里学习的过程。你们知道的，我那么好动，根本不可能坐下来学习一个小时甚至数个小时……我喜欢和你们一起去乡间玩耍，现在真想再看一看你们爬树的样子……我想念你们……"

1939 年 9 月，就在奥黛丽刚刚适应私立女校的环境时，第二次世界大战打响，英国参加了战争。艾拉夫人可不想女儿被这场战火牵连，于是连夜带着奥黛丽回到位于荷兰安恒的娘家。在那里，亚历克斯和伊安正等待迎接他们分别四年的妹妹。

对于哥哥们来说，这次欢迎的热情程度毫不逊色于奥黛丽刚来到人世间时那一次。他们紧紧相拥，欢迎亲爱的妹妹回归身边。这份来自手足间的情义在很大程度上缓解了奥黛丽因离开父亲和熟悉的环境所带来的忧伤和抑郁。

每当奥黛丽独处一个角落发呆的时候，哥哥们都会安慰她，开解她，带她出去玩耍。安恒有美丽的森林，漂亮的公园，美丽的瀑布，哥哥们只要一有空，就会带她去散心。哥哥们的陪伴，让奥黛丽暂时忘记了没有父爱的悲伤。

不过这种陪伴只持续了两年。很快，奥黛丽就不得不面对哥哥们相继失踪的恐惧中。

1941 年，战火烧到了荷兰，德军纳粹不但掠夺了荷兰人的一切财富，甚至连他们的粮食也都抢夺过去，他们分配粮食，每家每户都是配额物资。除此之外，纳粹还肆意抓人，把他们驱逐出境或是任意杀害。

在这样残酷的状况下，许多荷兰青年都勇敢站出来拿起了反抗的武器，亚历克斯和伊安也加入到他们的行列，21 岁的亚历克斯成为了荷兰陆军的一员，而尚未成年的 17 岁的伊安则成为学校里活跃的抗战分子，帮助分发一些抗德宣传手册给民众们。

亚历克斯随着部队走了不久，奥黛丽还未从和他分离的忧伤中走出来，前线就传来消息：亚历克斯失踪了！

这个消息如一个惊雷，奥黛丽和母亲艾拉夫人都被劈蒙了。

一直有很强自控力的艾拉夫人第一次崩溃了，她流着泪，语无伦次地说："失踪就是不知下落，为什么会不知下落，只有一种情况，那就是阵亡了。"

听见母亲的话，奥黛丽嚎啕大哭，她才 12 岁，对死亡充满恐惧，一想到亚历克斯有可能已经被杀害，她就很难过，同时亚历克斯的失踪让她不得不面对这样一个问题："是不是每一个人都会被抓，都会被杀掉？"一想到这些，她就害怕得发抖，她终究只是一个 12 岁的小女孩，而且每天都生活在隆隆的炮火声中。

俗话说，屋漏偏逢连夜雨，船迟又遇打头风。奥黛丽还陷在大哥亚历克斯失踪的恐惧中，二哥伊安也紧接着被抓了，随后被送往德国军用品工厂，后来就失去了他的消息。

哥哥们的相继失踪，给奥黛丽带来无以复加的恐惧。她每天夜里都在噩梦中醒来。她多么希望这一切都只是噩梦一场，醒来后，一切都是从前的样子，哥哥们陪她在乡间散步玩耍。但母亲的悲伤和街头巷尾的枪炮声，在提醒她，这一切都是真的。她的哥哥们在恐怖的战争中消失，而她和母亲则陷在恐怖的战争中，看不到尽头的恐怖！

003. 踩着哥哥的足迹成长

如果说，"即使心中充满不安，也要勇敢面对"这种人生信念是儿时与哥哥们相依为伴的时光里，由他们播种下来，那么在"二战"期间，奥黛丽从一个内向悲观的单亲小难民成长为一名勇敢的小战士，则是她踩着哥哥们的足迹，沿着哥哥们走过的路成长的结果。

在哥哥们都失踪后，奥黛丽经常做噩梦，每次噩梦醒来，她就会想起亚历克斯离开家随部队去打仗前，与她和伊安辞别的那一幕。

亚历克斯简短说了一下自己参军的事情，并拜托伊安好好照顾母亲和妹妹。

伊安兴奋地说："好啊。你去部队打仗，我还未满 18 岁，不能和你一起去，不过，我在学校里也会分发一些抗德的宣传手册给百姓，这也算是抗战吧？"

"当然。"亚历克斯拍了拍弟弟的肩膀，说："让我们一起为赶走这些入侵的敌人努力。"

奥黛丽此时已经 12 岁了，但她对战争的概念只来源于街头巷尾的抓捕，她很恐惧，问两个哥哥："会被抓起来的，然后驱逐出境，或是送往集中营，那样的话，你们不害怕吗？"

亚历克斯和伊安相视一眼，然后笑了。他说："奥黛丽，哪里有不怕死的人。但当和平遥遥无期的时候，我们除了起来反抗，别无选择。"

伊安也有些激愤地说道："对。奥黛丽，你终究还小，有些事情还不懂。当我们的亲人被抵在墙上任意射杀，或是抓上囚车送往集中营等待死亡时，我们只有起来战争，别无他法。"

奥黛丽睁着一双大眼睛，努力消化哥哥们的话。在哥哥们没有失踪之前，她还不懂得亲人在战争中失踪是一种怎样的恐惧，但她记住了哥哥们的话："只有起来战争，别无他法。"

在亚历克斯和伊安相继失踪后，陷在恐惧和悲痛中的奥黛丽每次想起哥哥们，脑海里便回荡起这句话。

她把这话告诉母亲，并和母亲说，她也想像哥哥们那样，成为一名勇敢的小战士。

奥黛丽的提议很快就得到艾拉夫人的积极响应。母女两个分工，奥黛丽凭借自己是小孩子不易引起纳粹注意的特点，在外面参与和地下工作人员联络的事情；母亲艾拉夫人则在家做掩护工作，只要有地下工作人员在安恒需要地方藏身，艾拉夫人就会把他们安排在自己家里。

在当时的情况下，这样做可是非常危险的。一旦被纳粹发现，就会面临全家都被处死的危险。

有一次，奥黛丽在外面执行任务被德军抓住，并被赶上军用卡车。车上都是女人和小孩，哭声一片。要是在以前，奥黛丽也会害怕地哭泣的，但这一次她没有。她一直在心里默念着："我们天上的父啊，请保佑我们吧……"

在半路上，卡车突然停了下来，那些德军开始欺负过路的犹太人，奥黛丽趁他们放松戒备时，"嗖"地跳下车，然后弯腰滚到路边的草丛里。

看着卡车拉着那些女人和小孩走远后，她才站起来跑回家。

回到家，艾拉夫人得知女儿的遭遇，吓出一身冷汗，她无法想象，如果奥黛丽没有逃出来，会面临怎样的结果！

虽然这样的危险随时都在，但奥黛丽和母亲并没有退缩。奥黛丽说：“我对德军是很恐惧的。但我必须这样做。每个荷兰孩童都会这样做，我们愿意冒险协助盟军来解放我们的家园，哪怕因此牺牲自己的性命都在所不惜。因为，自由实在是太可贵了。”

战争结束后，亚历克斯和伊安先后回到安恒。看到哥哥们的那一瞬间，奥黛丽惊喜若狂。亲人失而复得，那种喜悦是没有文字可以表述的，对于这种喜悦来说，任何文字的描述都是浅薄的、苍白的。奥黛丽和母亲艾拉夫人说不出话来，只是与他们拥抱在一起。一直以来压抑在奥黛丽心头的哥哥失踪的恐惧在这一刻得到缓解，并最终消失。

多年以后，回忆起这些往事，奥黛丽说：“面对那样的战争，任谁都会恐惧的。但我有两个哥哥，他们是我最好的榜样。他们为了自由做出的决定激励着我，帮我战胜恐惧，我想，我必须成为他们那样的人，为解放家园做些什么，心里才会感到坦然。”

第二辑　解密事业

——理想是朵花，谢了可以重新开放

人之所以为人，必须充满精力、自我悔改、自我反省、自我成长；并非向人抱怨。

——奥黛丽·赫本

我们的人生总会遇到这样或是那样的磨难，我们会消沉，会想要寻找依靠，但我们在经历中会逐渐明白，我们不可能依靠谁一辈子，除了学会独立、坚强和坚持，我们别无他法。而自助者，人助之。只有自助，才会有人来帮助你。如果你不独立自助，自己放弃了自己，那么人必弃之。

——赫本密码

一、一个会走路的梦

我在二月回到荷兰拍摄《荷兰七课》时，并不是因为对电影有兴趣，而是我需要钱来度过我和母亲未来的几个月时间。

——奥黛丽·赫本

001. 改变了名字，并不意味获得自由

在奥黛丽·赫本演过的26部影片中，将她的演技发挥到极致的当属《盲女惊魂记》。在这部电影中，奥黛丽饰演一个瘦弱的女盲人，要对付闯入家中的强壮歹徒，并凭借智慧最终取胜。

一个视觉正常的人要去扮演盲人，这本身就是一种极大的挑战，尤其是不能眨动眼睛，目空无物，这对奥黛丽来说都是难点。为了达到逼真的效果，奥黛丽到盲人学校去请教老师，甚至把眼睛蒙上生活，以此来感受盲人的世界。

在剧中，当歹徒截断了电话线，奥黛丽大睁着双眼，满脸惊恐无

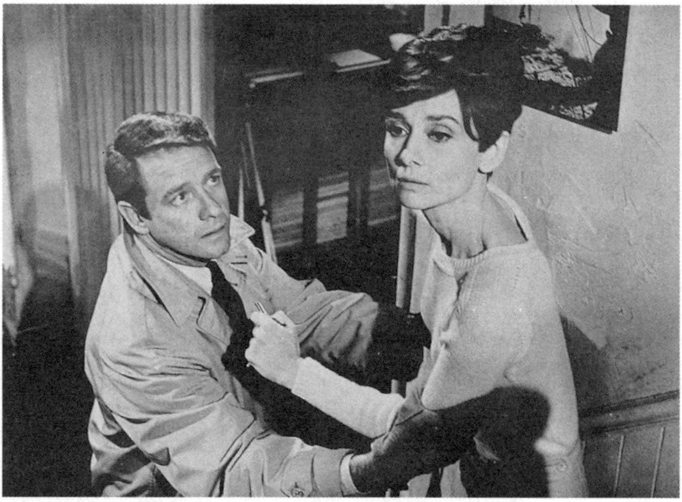

《盲女惊魂记》剧照

助的神情让观众的神经蓦地紧绷起来。影片的惊悚效果在一瞬间达到了高潮。

影片放映后，观众们纷纷夸赞奥黛丽的演技炉火纯青。但却没有人知道，在少年时期的奥黛丽就像这个盲女一样跌跌撞撞地奔走在那段战火纷飞的岁月旅途上。

1939 年，小奥黛丽进入安恒音乐学院学习芭蕾舞。但不久，第二次世界大战就爆发了。这次战争是历史上最大规模的战争，整整有超过 1 亿多名军事人员被动员并参与这次军事冲突。主要的参战国纷纷宣布进入总体战状态，几乎将自身国家的经济、工业和科学技术应用于战争之上，同时也将民用与军用的资源合并以方便统筹规划。

德国和苏联入侵波兰，这次入侵行动随即导致以英国为首的大英帝国与法国向德国宣战。然而德国纳粹为了在欧洲建一个大德意志帝国而占领了宣称中立的荷兰，荷兰人民从此陷入战争的灾难中。

战争带来的灾难是永无止尽的，一旦战争爆发，其所引发的牵连让人望而生畏，因为战争让不少人失去了家庭，妻离子散，而且血流成河，那场面令人不敢想象，所以平民百姓对战争深恶痛绝。但面对当权者们的战争暴行，平民百姓是无力阻挡的。身陷战争之中，只能处处小心，以免招来横祸。

当时的奥黛丽才刚 10 岁，根本不懂得这些，但她的母亲却每天提心吊胆。当时的身份文件大多为手写，为避免小奥黛丽原本非常英国味道的名字招惹麻烦，她母亲篡改了自己的身份文件替她制造了一个荷兰假名艾达·凡·赫姆斯特拉（Eddavan Heemstra，Edda 与 Ella 在字母上只是一笔之差，便于伪造），但是这个名字从未合法登记过。

在战争中，改了名字并不意味着就可以自由地在阿纳姆城里行走。到处都是纳粹的身影、四处都是弥漫的炮声，为了确保生命安全，小奥黛丽只能和亲人们躲在家里，即使这样，她们依然心惊胆战，因为纳粹令人发指的行径总是很轻易地穿透墙壁，传到她们的耳朵里。

没有食物，危险、死亡无处不在，这简直就是一场噩梦。多年以后，奥黛丽回忆起“二战”时说：“如果我们知道阿纳姆会被德国兵侵占 5

年之久，我们一定会饮弹自杀。当时，我们以为噩梦下周就会结束，也许六个月后，或者明年。我们就是这样一天天捱过来的。”

今天，当我们坐在宽敞明亮的厅里，喝着咖啡上着网，理所当然地享受着和平和自由的时候，我们永远也无法体会到在“二战”中饱受战争苦难的人们对这一切的奢望。在战争中，所有的物资都被纳粹霸占，食物和服装，这是人赖以生存的两大要件，但平民们却根本没有办法获取这些。

当年因为没有食物，中国的红军们便吃草根树皮。而“二战”中居住在阿纳姆城的居民们没有草根树皮可吃，他们便把家里种植的郁金香鳞茎挖出来吃，没有小麦面粉，他们便用豌豆粉来制作面包。但这些很快就吃完了。当没有任何食物可吃的时候，奥黛丽只能躺在床上看书，藉此忘记饥饿，而她的两个哥哥正在长身体的时候，精神食粮根本不能抵御饥饿的侵袭，他们不得不以狗粮果腹充饥。

侵略者们一面断绝居民们的食物和自由，一面用食物和自由作为诱饵，以此引诱意志不坚定者成为叛徒。很多人为了食物和自由供出自己的亲人和朋友，在那个朝不保夕的年代，人的操守和品行有时候抵不过一个面包的份量。

002. 从自闭内向女到勇敢坚强小战士

虽然小奥黛丽的外祖父曾经是阿纳姆城的市长，但这样的职位并不能为家人带来安全的保障，小奥黛丽的舅舅和两个哥哥也被人陷害，抓进了纳粹的劳动营。这些变故让小奥黛丽明白命运的莫测，因此多年以后的她加倍珍惜安全与和平。

侵略者截持了人们的物资，抓了身强体健的男人们，接下来他们还要霸占人们的房子、财产，而且大轰炸在继续，恐惧笼罩在阿纳姆城上空。

奥黛丽多年以后回忆起那段日子时说：“最后那年的冬天是最糟糕的，城市里的食物已经所剩无几，还要优先供给德军。虽然我们还不至于饿死，但是由于总是吃不饱，我患上了严重的营养不良。”仅剩下老弱妇孺的男爵夫人一家已经在城里呆不下去了，她们不得不搬到郊区去和农民们居住在一起。

一直以来，农民都被城里人视为愚昧粗鄙，但在每一次大灾难面前，农民总是向世人展示他们的淳朴和善良。阿纳姆城郊的农民也是一样，面对突然从城里涌来的难民们，他们没有嫌弃和埋汰，而是热情地拿出自己的物资来与他们分享。一直饱受饥饿折磨的小奥黛丽在这里终于可以饱餐一顿了。

虽然才十二三岁，但哥哥们的相继失踪让奥黛丽已经懂得了谁是谁非，她知道侵略者是罪恶的，而反德的抵抗组织是为人民大众的利益，因此她积极努力地去帮助那些抵抗组织。她把秘密消息放在鞋子里，然后装着若无其事的样子从纳粹士兵面前走过，最后安全地把消息送到游击队员手里，虽然在走过纳粹士兵面前时她也会心惊肉跳，但她告诉自己，必须勇敢，必须坚持。

尽管在战争的蹂躏下，生活状况一天不如一天，但小奥黛丽一直没有忘记自己的梦想。她始终坚持每天练习舞蹈，这对于一个才十多岁的小女孩来说，真的是一件很不容易的事情。

小奥黛丽不但坚持练习芭蕾舞，而且还利用自己的特长来支援游击队员们。她在地下室里表演芭蕾舞，募集捐款来为游击队员们筹集资金。在那个恐怖的岁月里，募集捐款和进行表演都是明令禁止的行为。一旦被抓住，麻烦可就大了。

但小奥黛丽却依然义无反顾地去做这些事情，她太想要快一些把纳粹赶出阿纳姆城，这样的话她的舅舅和哥哥就可以恢复自由了。因为舅舅和哥哥们，她逼着自己坚强和独立起来。

在侵略者占领荷兰阿纳姆城这段日子里，奥黛丽从一个内向自闭的孤独女孩变成一个热心、勇敢、坚强的反战小战士。战争为小奥黛丽带来的唯一好处，就是使她从自闭中走了出来。战争让她懂得，想要活下去，除了独立和坚强，她别无他法。

关于战争，著名的战争分子希特勒曾经说过一句话：“战争只能带来伤害，到头来法国仍是法国，德国仍是德国！”当七千万人付出血的代价，当整个欧洲大陆被伤得满目疮痍时，战争终于结束了。人们开始新的生活，奥黛丽和她的母亲就是这其中的一员。

在奥黛丽 16 岁的时候，战争结束了，但艾拉夫人的家里已经一贫如洗，她们的生活陷入了困顿状态。艾拉夫人知道在荷兰已经不能给女儿好的教育，于是她怀揣着辛苦积攒的 100 英镑，带着女儿奥黛丽回到了英国伦敦。这里有奥黛丽的芭蕾舞老师——当时世界上最著名的芭蕾舞老师之一玛丽·兰伯特，她要让女儿接受最好的芭蕾舞教育。

但是又要租房，又要交学费，还要供日常花销，100 英镑很快就花光了。眼看着女儿的学业就要中断，艾拉夫人做出了一个决定。她换上粗布衣裳，去应聘公寓管理员的工作。

公寓管理员是一个很脏很累的职业，每天要整理垃圾、洗刷楼梯，艾拉有着男爵夫人头衔，在此之前一直过着养尊处优的生活，即使在战争中，有娘家人的帮衬，她都没有干过粗活，但现在为了女儿，她豁出去了。

在小奥黛丽的眼里，母亲古板、严厉，有着极强的控制欲。但就是这样一位严厉到几乎不近人情的母亲，却和全天下的父母一样，心甘情愿地付出一切，只要女儿能够实现她的梦想，能够得到快乐。

003. 你不独立坚强，没有人替你勇敢

但伦敦的生活消费实在不是一个公寓管理员的薪水就能够支撑起来的。艾拉夫人的薪水根本不够支付母女两个的吃住和奥黛丽的学费。父亲自从和母亲离婚以后就没有接济过母女两个一分一文，而她的两个同母异父的哥哥也在战争中被关进了劳动营，因此只有她和母亲艾拉夫人相依为命。奥黛丽是一个孝顺的孩子，她无法看着母亲每天都在为开销发愁而视而不见，她必须要挑起家庭的重担。

还记得在《盲女惊魂记》中，在遭遇车祸后失明的苏茜对黑暗的世界充满了悲观和恐惧，她想要依靠丈夫山姆，她哀求山姆去哪里都

要带着她，在苏茜的心里，山姆的眼睛能给她安全感，她像是冬季里的一棵藤曼，紧紧依附着山姆这棵大树，如果不如此的话，她就会被寒风刮断，甚至失去生命。但山姆却要求她独立，他要她做全世界最厉害的盲女。当苏茜把东西掉在地上时，山姆没有去帮助她捡起来，而是坐视不理，任由苏茜趴在地上摸索寻找。

看到这里的时候，我是有些埋怨山姆的，觉得他太心狠。但苏茜却并不以为然，她深深地懂得山姆是为她好，因为他们都知道，她不可能随时随地地依靠他或是任何一个人，她必须学会独立。如果苏茜没有学会理智镇定地面对生命中发生的一切，那么在有歹徒要害她这一突发事件降临时，她就不可能利用自己的智慧来战胜对方。

奥黛丽能够将苏茜这个盲女角色演得如此成功，除了她精湛的演技，还有她自己人生经历所获得的心得体会。在家庭需要经济来源时，奥黛丽知道自己除了独立和坚强之外，别无他法。为了减轻家庭的经济压力，她需要一份工作。

在阿姆斯特丹的表哥得知奥黛丽母女的窘况后，决定帮助她们。他来信说，他的朋友要拍一部喜剧短片，片中需要一位女孩，如果奥黛丽愿意的话，他可以推荐她去。

奥黛丽从来没有接触过电影，对表演更是一窍不通，她有心不去，但她看到母亲整日操劳却依然为钱紧锁眉头，于是她答应了下来。

在二月学校尚未上课的时候，奥黛丽再次回到了荷兰，她要拍表哥推荐的电影，这部影片的名字是《荷兰七课》。影片以纪录片的手法，从空中鸟瞰城市。

这部电影的导演是理斯·雨格诺·凡·德·林登。他一看到奥黛丽，就连忙叫来助手，他指着奥黛丽对助手说："你见过一个会走路的梦吗？喏，我见到了！"

奥黛丽在两个地方出现，一处在街道上，另外一处在结尾的飞机场，她的镜头加起来不到一分钟，片尾也没有她的名字，仅有极少数影片人注意到这部片子，当然也没人提到奥黛丽。但奥黛丽的独特气质却已经开始展现出来，多年后当她成为世界著名演员时，这部影片的导演惊喜地说："看，这是当年为我拍摄纪录片的小姑娘。我说过，她是一个会走路的梦！"

奥黛丽打工挣钱交学费的事情很快传到玛丽·兰伯特老师耳朵里，玛丽被她独立坚强的个性所深深打动，于是伸出援助之手。她告诉奥黛丽，会提供奖学金给她，而且还会提供一套房子给她们母女居住。对于奥黛丽拮据的生活来说，玛丽·兰伯特的援助好比雪中送炭，给

她和母亲解决了大问题，从此以后，她终于可以安心地学习了。

奥黛丽教会我们：我们的人生总会遇到这样或是那样的磨难，我们会消沉，会想要寻找依靠，但我们在经历中会逐渐明白，我们不可能依靠谁一辈子，除了学会独立、坚强和坚持，我们别无他法。自助者，人助之。只有自助，才会有人来帮助我们。如果我们不独立自助，自己放弃了自己，那么人必弃之。

二、舞蹈领路人，梦想终结者

我永远都无法忘记那一天，当兰伯特夫人告诉我今生都不可能成为女芭蕾红星时，我明白自己不能再坚持学芭蕾，但又觉得参加歌舞剧演出有损尊严。

——————奥黛丽・赫本

001. 所有的劳累，都只为开一朵梦想的花

一个人可以非常清贫、困顿、低微，但是不可以没有梦想。少年时代的奥黛丽梦想成为一名优秀的芭蕾舞者，她一直盼望着自己能够穿上芭蕾舞裙，在当时伦敦最繁华的柯芬园跳舞。

正是这个梦想支撑她度过那段噩梦般的战争时光。有梦想的地方，地狱也是天堂。在那段恐怖黑暗的日子里，梦想是空气、是阳光、是水分、是食粮，给了奥黛丽活下去的养分。

为了实现这个梦想，奥黛丽努力拼搏着。

老百姓有一句话：生活的基础是柴米油盐酱醋茶。而这七件事是需要长期用经济来维持的。虽然玛丽・兰伯特老师为她争取了一部分奖学金，但那毕竟只能解一时燃眉之急，想要把攻读学业的生活维持下去，奥黛丽依然需要做兼职。在跟随玛丽・兰伯特学习芭蕾舞的那段时间，奥黛丽白天上课，晚上做兼职，每天都过得很忙碌。

身为英国芭蕾舞创始人之一的玛丽・兰伯特老师，对教学相当严格，因此在兰伯特的舞团学习芭蕾是一件相当辛苦的事情。奥黛丽必须每天上午十点就赶到学校开始上第一堂课，一直到下午六点最后一堂课结束，她们才允许放学休息。在这八个小时里，她们需要立起脚尖不停地做着滑步、屈伸、踢腿、跳跃、旋转等动作。

一天下来，同学们一个个都疲惫不堪。对于她们来说，放学的钟

奥黛丽芭蕾舞照

声是每天最悦耳的声音，因为只要这个钟声响起，她们就可以回家舒舒服服地躺在床上休息了。但这个钟声对于奥黛丽来说却只是打工生活的开始。回到兰伯特借给她的房子里，奥黛丽来不及卸下一身的疲惫，胡乱吃上一口饭菜，便要急匆匆地赶往做兼职的地方，然后工作至夜深。

日日夜夜都是学习、工作、学习、工作，这样的生活虽然让奥黛丽精疲力竭，但她却从来没有放弃过自己的信念。

林语堂曾经说过："梦想无论怎样模糊，总潜伏在我们心底，使我们的心境永远得不到宁静，直到这些梦想成为事实才止；像种子在地下一样，一定要萌芽滋长，伸出地面来，寻找阳光。"奥黛丽深信只要自己努力并坚持下去，就一定能够达到梦想的彼岸。

但当时青春年少的她却不知道，虽然说梦想的实现起决定作用的是主观条件，但作为辅助作用的客观条件也是很重要的。只有在尊重客观规律的前提下充分发挥自己的主观能动性，才能实现自己的梦想。而奥黛丽在客观规律上错过了实现梦想的最佳时机。因此没过多久，奥黛丽的梦想便破碎了。

1948年的夏末，玛丽·兰伯特告诉她的学生们，她会率领她们前往纽澳等地巡回演出十五个月，这个消息让同学们振奋不已。大家都磨拳霍霍，准备在演出中一展身手。奥黛丽最为兴奋和期待，因为这是她加入到兰伯特团队的第一次巡回演出。

当很多同学都在担心自己能不能被选拔前往的时候，奥黛丽却充满了自信。她是有资格自信的，因为她从十岁就开始练芭蕾舞，九年的基础功扎实而牢靠，而且她有舞蹈天赋，虽然来到兰伯特团队的时间不长，但她的舞蹈才能却多次受到了玛丽·兰伯特的夸赞和肯定，她想自己一定会被选拔上。

002. 多么坚强的人，也会有绝望的时候

很多时候，过于自信的结果便是受到伤害。就在奥黛丽以为自己一定可以随团去参加巡回演出的时候，演出的团员名单出来了。名单里没有奥黛丽·赫本的名字，这个结果大出奥黛丽的意外，她简直不敢相信自己的眼睛。

看着名单上那些舞技不如自己的同学的名字，奥黛丽满心委屈和不解。她急匆匆地赶往玛丽·兰伯特的办公室，想要弄清楚自己为什么不能参加的原因，当时的奥黛丽并没有意识到这将会是让自己终身难忘的一次对话。

奥黛丽找到兰伯特，问她为什么名单上没有自己的名字？

玛丽·兰伯特非常恳切地回答说："你是我最好的学生之一，但是你已经错过了练习芭蕾最重要的年龄，不管你在训练中多么努力，已经定型的动作基本上不会发生改变。此外，对当时所有的男芭蕾舞演员来说，你都太高了。在与你搭档时，他们都没有力量完成最基本的托举动作。因此这次巡回演出才没有让你参加。不过，你的舞技很棒，我建议你选择做第二女演员可能会更好一些。而且，你还可以在我的芭蕾舞学校里兼职当老师，多一份收入会生活得更好。"

“但是我的梦想怎么办？”受到如此的打击，年轻的奥黛丽忍不住尖叫起来。

那一刻，奥黛丽无比憎恨战争，如果没有这场战争，那么她就可以在最合适的年龄里来到玛丽·兰伯特的团队里，那样的话，玛丽·兰伯特所说的所有问题都不存在，凭着她的努力，就一定可以实现自己的梦想。但现在这一切都被战争毁掉了。

多年以后，奥黛丽和儿子们说起自己的舞蹈梦想，她告诉他们，她永远都无法忘记那一天，当玛丽·兰伯特告诉她今生都不可能成为首席女芭蕾演员时，那些在战争和饥饿时支撑她活下去的梦想一下子消失不见了。绝望像是一张无边无际的网将她罩住，就像盲女苏茜一样，奥黛丽的世界在一瞬间变得漆黑一片，没有光明，她看不到前方的路。

告别玛丽后奥黛丽没有去往最爱的舞蹈室，而是转身回到家中。她沮丧地躺在床上，脑子里回想起自己为了追随梦想所付出的努力：在战火纷飞中，她坚持练习舞蹈；好不容易回到学校，却因为没有钱交学费而不得不中止学业，回到荷兰去跑龙套打工，挣到学费后，再赶回学校继续上课；为了坚持学业，她和妈妈住在伦敦的陋室中，过着拮据的生活，整日奔波于各种舞蹈表演、电视和电影中的小角色中……这其中的艰辛和酸苦她都能克服，只因为她坚信自己的梦想一定能实现。

而今才发现梦想原来只是自己从孩童时期便一直吹的巨大的肥皂泡，虽然美丽，却经不起现实的触碰，一碰便破碎，她对未来的所有畅想也随着这个肥皂泡的破碎而幻灭。对未来毫无动力的她只是想躺在床上等死。

有过梦想破灭体验的人都知道，梦想的破灭，严重地影响到一个人的生存。在梦想破灭之前，我们幻想得多么美好，满怀热忱地去增强自身的能力，以实现自己的目标，然后以自己喜欢的方式去生活。但是仅仅在一瞬间，我们失去了追求的目标，身边的一切都变得毫无意义，没有了任何生存的欲望。无奈与绝望，甚至会让我们做出放弃生命的决定，而这一切都是源于梦想的破灭。奥黛丽对这一切体会最深。

为了追寻从小以来的芭蕾舞梦想，奥黛丽一直孜孜不倦地努力着。有梦想的支撑，她觉得所有的苦难都不是问题，她就像是一只展翅的小鸟信心蓬勃地向空中飞去，而兰伯特的话就像是一把锋锐的利剑直刺向她，她瞬间断了气息，蔫蔫地从半空中跌落下来……

003. 坦然接受：是幻灭，也是新生

不过奥黛丽·赫本是一个睿智而坚强的女子，在经过一番消沉之后，她让自己接受这个事实，并去面对它。多年后回忆起这件事情，奥黛丽说："当时我想，我的生命已经太忧伤了，无论遇到什么情况，我都要坦然地接受生活。我要珍惜生活。"

当奥黛丽慢慢接受自己无法成为一名优秀的首席芭蕾舞者这一事实，她也意识到自己继续练习芭蕾舞并无优势和好前途，如果继续练下去的话，只是浪费时间和金钱而已，于是奥黛丽做了一个艰难的决定，那就是放弃学习芭蕾舞。

奥黛丽其实是有舞蹈才华的，玛丽·兰伯特一直认同这一点。她想要挽留这个优雅美丽的女子在自己的团里做第二舞蹈演员。谁知奥黛丽却一口拒绝了她，无法成为首席舞者这一事实让奥黛丽很难过，她觉得自己如果继续在歌舞团里做二三流演员，是一件有损尊严的事情。

梦想破碎了，但却一定要活得有尊严，这就是那个让人喜爱的独立坚强的奥黛丽。于是在 1948 年 10 月末的一天，她辞别玛丽·兰伯特并搬离了玛丽借给她住的房子，与母亲艾拉夫人再次过起了租房生活。

离开了心爱的芭蕾舞学校，奥黛丽就像是突然间被抽去了浑身所有的力气，再也没有做兼职的动力。奥黛丽沮丧、悲观、绝望，她以为自己再也没有了飞翔的能力。

就在奥黛丽心灰意冷的时候，拮据的生活很快就让她明白了人生在世除了追求梦想之外，还有最基本的需求：那就是生存，换而言之

就是要活着。困窘潦倒的现实状况由不得奥黛丽哀伤难过，她必须去赚钱来维持生活开支。无奈之下，承受着梦想破碎之痛的奥黛丽不得不开始出去找工作。

为了养家糊口，奥黛丽不得不与现实妥协，她一边做兼职模特，一边去应征歌舞团的演员招聘。以商业经济为目的的歌舞团，接的最多的项目就是去酒店表演歌舞。这种表演只关金钱，无关艺术，这与一心要成为一名艺术舞者的奥黛丽的初衷背道而驰。

这种只为生存无关理想的生活方式让奥黛丽陷入痛苦。那时候她恰好二十岁左右，正是人生中最美好的豆蔻年华，但奥黛丽却看不到青春的美好，她需要为了生活而奔波。

当时恰好赶上《高跟鞋》剧组来伦敦招募演员，奥黛丽报名参加了应征。她凭着自己的努力击败3000名应征者，成功地成为音乐剧中的一员。此时的奥黛丽就连什么是切分音都不懂，但每周8英镑的薪水对生活困窘的奥黛丽来说是一个相当有诱惑力的数字，她太需要这份工作了。为了能够顺利完成这份工作而不是被辞退，奥黛丽在排演的时候付出比别的女孩更多的时间和精力。

所谓“一分耕耘，一分收获”。虽然说付出不一定能有收获，但想要收获，就一定要辛勤付出。皇天不负苦心人，奥黛丽辛勤的付出有了很好的收获。当《高跟鞋》演出后，奥黛丽精湛优雅的表演受到了导演塞希尔·蓝道的注意。很快，她便接到塞希尔的新剧《鞑靼酱》剧组的邀请。

《鞑靼酱》是一台充满异国风味的歌舞剧。在剧中的奥黛丽虽然分别饰演了一个瑜伽学生、一个女店员和一个古典芭蕾舞者，但总起来说，她只算得上是一个跑龙套的角色，在戏里可有可无。不过，她却受到各界的关注，众人评论她说：“她就像是一股清新风，《鞑靼酱》因为她而变得自然清新而甜润，充满了灵性之美。”

因为奥黛丽的加入，歌舞剧一演出便获得了观众们的赞誉。此时，奥黛丽已经引起各界的注意，有这样的效果，奥黛丽知道都是塞希尔·蓝道的发掘和鼓励。所以她心中对蓝道充满感激。

不过，此时的奥黛丽依然对演员这个职业不是很看重，残酷的现实生活让她更加重视这场表演的收入。这台歌舞剧演出一年，共433场，演出的收入加上她兼职参加另一出儿童剧目的薪水，足够她和母亲过上不愁柴米的生活。这样的收入给了奥黛丽一个小小的惊喜，一直被生活压得喘不过气来的她终于可以长长地舒一口气了。但她依然快乐不起来，梦想的破碎就像是一块沉甸甸的石头压在奥黛丽的心上。

在《盲女惊魂记》中，虽然世界一片漆黑，但苏茜没有放弃，也没有消沉和绝望。当山姆告诉她必须自己学会独立时，她充满信心地说："我一定可以成为世界上最厉害的盲女。"奥黛丽·赫本在戏里说出这句台词的时候，是那样的充满自信。她的自信不是假装出来的，而是她在舞蹈梦想破碎后，在人生淬炼中获得的真实体验。

三、奥黛丽告诉你该知道的社会双重标准

我相信快乐的女孩最漂亮。我相信明天的太阳是新的。我相信奇迹的存在，机遇很少凭空出现。所以，当它们出现时，你一定要抓住。

——奥黛丽·赫本

001. 有人爱慕你年轻时的容颜

奥黛丽·赫本如此美好，又正值豆蔻青春，自然会有不少爱慕者，当然，这种爱慕与爱情无关，因此算不上是奥黛丽的初恋。

虽然此时的奥黛丽尚未成名，但在这些爱慕者心里，她就是他们的女神。一般人觉得女神都如圣洁的莲花一样，都是怀着可远观而不可亵玩的心态仰慕着，但马塞尔·勒朋却不如此，他对奥黛丽展开了热烈的追求。

马塞尔·勒朋之所以如此热烈，是因为他和奥黛丽·赫本同在《鞑靼酱》剧团里工作，他有近水楼台先得月的优势。

勒朋是一位法国人，有法国男人的英俊和浪漫，只这一点，就让他比其他爱慕者多了一些魅力。而且他还是一个会作词的歌手，经常会哼唱自己写的歌曲。

即使是在现在这个每个男孩子都会弹吉他打篮球的时代，在很多小女生眼里，这样的男孩子依然浑身散发着光芒，更何况在那个保守的男孩子们几乎没有特长的 20 世纪 40 年代。因此，勒朋是剧团一个很受女生们欢迎的男孩子。

作为一个集合十多个国籍演员的歌舞剧团，《鞑靼酱》剧团里不

乏性感的女孩，甚至有一位演员戏称说“在这个剧团里，有舞台上最大的胸”，可见当时团里美女如云。但勒朋却对这些美女视若无睹，他独独对既没有胸部，也不会摆姿作态的奥黛丽动了心。

他每天都围着奥黛丽打转，她的一颦一笑都左右着他。奥黛丽在舞台上表演的时候，他在台下目光炯炯地注视着她；而奥黛丽倦乏，独坐角落休憩的时候，他会抱着乐器为她自弹自唱一首曲子，为她排乏解闷。

对于勒朋的追求，青春年少的奥黛丽最开始并没有往爱情上面想，她只以为是同事之间的友谊。她之所以会这样想，是因为她对自己的不自信。

从失去父爱那一刻起，奥黛丽就一直处于不安全状态。懂心理学的人都知道，处于这种状态下的人，是很难建立起自信的。事实证明，奥黛丽的一生都处于不自信的状态。即使是在拿到奥斯卡金奖之后，她依然觉得自己不如别人优秀，不如别人漂亮，不如别人有才华。更何况是在一无所成的青春年少时期。

歌舞剧团大多都是年轻人，尤其是女演员们，她们虽然有些羡慕甚至嫉妒台上的奥黛丽获得观众的青睐，但在台下，她们很喜欢这个不做作的女孩子。她们愿意和她分享一些话题，比如年轻人的爱情。

她们告诉奥黛丽，勒朋对她不只是友情，而是在追求她。但她们的这个说法让奥黛丽感觉很好笑，她说：“这只是个玩笑罢了。因为与其他女孩子比起来，我觉得自己真的很丑啊。”

如果是别人说这样的话，一定会换来一顿嘲笑，因为这样一个灵性清秀的女孩却说出这样的话，真是太假了。但这话从奥黛丽嘴里说出来，却没有丝毫伪装矫情的成分，女伴们并不因此反感她，反而更多了几分亲近。

她们和奥黛丽讨论男孩子的热情，青春期的爱恋等话题。她们告诉奥黛丽“窈窕淑女，君子好逑”。这是很正常的事情。而且她们还告诉奥黛丽，她长得很美，有很多人都爱慕她的容颜。

自从做舞蹈家的梦想破灭后，奥黛丽就一直在为生计忙碌。虽然她已经二十岁，但每天不间断的工作，让她没有时间去遐想爱情。而且儿时父母的争吵，也让她潜意识地避开感情这个东西。是剧团女伴们的讨论给奥黛丽推开了男女感情世界的大门。她像一个懵懂无知的孩子，站在大门口向里面张望。

002. 这个社会对女孩子的双重标准

奥黛丽并不相信勒朋在追求自己的话很快就传到勒朋耳朵里，他不但不沮丧，反而被奥黛丽的理由逗笑了。

勒朋并没有就此停止追求奥黛丽，而是更加热情地靠近她。他告诉奥黛丽："你很美，一颦一笑都那么让人着迷。你看，观众们都很爱看你。"

法国男人的浪漫真是让人无法抵挡。他表现出的真诚让奥黛丽总是不自觉地袒露自己的心扉。"他们爱看，只是因为我爱做一些让人看起来很可笑的古怪小动作而已。"奥黛丽皱着眉头，"可是我真的很紧张，而且我有些技巧不是很好。"

勒朋说："我明白，但那恰好是你的可爱之处啊！"

奥黛丽很苦恼地道："但愿同伴们不要以为我在抢镜才好。"

勒朋安慰她："我们都懂，其实你并不是想要抢镜，而是想做一些补偿动作，对不对？"

"对啊。"奥黛丽为有人理解自己而开心不已，她抬头望向勒朋，竟有一种心有灵犀的感觉。这种感觉很美妙，让人心底仿佛开出一朵花儿来。被人理解的感觉真好，奥黛丽叹息着，或许在那时，她便情窦初开了。因为这种美好的感受，她在不知不觉中与勒朋走得近了起来。

作为歌舞剧团的制作人，蓝道早在建团之初，就和每个团员都打过招呼，同事之间不许发生恋情，要保持剧团绝对的清白和纯粹。只有这样，才不会给这场歌舞剧产生负面影响。

为了不让剧团有负面新闻产生，蓝道一直紧紧盯着这帮帅哥美女们。勒朋爱慕奥黛丽的事情，他早有耳闻。他也理解，那么美好的女孩子，每个人都会喜欢她的。他没有理由去阻止一个少年男子的爱慕之情。

他想，只要奥黛丽不回应勒朋的追求，就不会有问题。但很快他就发现，奥黛丽对勒朋有了好感。两个人越走越近，就是最好的证明。

这时，《鞑靼酱》歌舞剧在英国获得观众们的认可，票房很好。蓝道可不希望此时节外生枝，有任何与歌舞剧无关的事情来分散观众们的焦点。而且，他很喜欢奥黛丽，他不想看到这个有灵性的小姑娘背上任何负面的新闻。

他找了一个机会，和奥黛丽进行了一次私人谈话。这次谈话，让奥黛丽受益终身。他说："小姑娘，你一定要记住，这个社会对男女有双重标准。男人花心会被夸为风流倜傥；女人要是有一两个情人，就会被骂成水性杨花。尤其是从事演艺事业的女人，这个双重标准就更加苛刻。"

奥黛丽虽然才二十岁，但从小就接受母亲的保守教育，母亲艾拉夫人年轻的时候，在别人都找情人的时代，她却从不随众，去找个乱七八糟的情人。母亲的以身作则，早就让她懂得，女人要有一个良好的形象，而不是胡乱任性而为。

蓝道的话，恰好与她接受的教养相符合，因此她能理解蓝道话里的意思。她很感激蓝道这样推心置腹地告诉她这些宝贵的人生经验。她开始注意自己和勒朋之间的交往，不让任何媒体和旁人抓住话柄。

后来，终其一生，奥黛丽都没有闹出过感情绯闻。虽然她经历了两段不幸的婚姻，也有过几次恋情，但她的每一次爱情都坦坦荡荡。这样的做法不但无损她的个人形象，反而让世人看到一个真诚对待感情的形象良好的女性。

现在的社会上，尤其是娱乐圈，有很多女孩子不顾对方是否在婚姻里面，就一头扎进爱情。或是轻率对待感情，换了一个又一个恋人，最终落个淫荡无耻的骂名。如果这些姑娘知道奥黛丽所明白的这个双重标准，一定不会那样任性地纵容自己的感情，也就不会被千夫所指了。

003. 保守和克制，有所得就会有舍弃

勒朋可不知道奥黛丽的想法，面对美丽的奥黛丽，他炙热的感情像座火山，随时都会迸发出来将他焚烧。他无时无刻不想与奥黛丽在一起，舞台上，舞台下，他每分每秒都想和这个美好的姑娘一起度过。

但他很快就受到来自蓝道的警示。蓝道明确告诉他，他的高调追求已经影响到歌舞剧的演出了。现在剧团正和媒体沟通，希望他们能够不要宣扬演员的私生活。蓝道希望勒朋也能够合作，与大家一起为剧团塑造一个最好、最美、最纯洁的形象。

而且蓝道还告诉勒朋，他的高调追求对奥黛丽的形象毫无好处，只会给媒体一个不守贞洁、行事轻浮的形象。如果他真的爱慕她，就为她好，不要置她于难堪的境地。

勒朋对蓝道说自己的追求会导致奥黛丽形象受损的话不以为然，身为法国男人的他坚持认为，爱，是无罪的。但他是剧团的一员，他必须要遵守团规。于是他一改往常高调的追求，转为低调的地下模式。

那段时间，奥黛丽经常会收到“不知名粉丝”送的花，与花儿一起的还有一封封写满滚烫情话的信。作为一个能作词的歌手，勒朋写起情诗来轻而易举。读那些情书，奥黛丽第一次体验到爱情的美好。

虽然奥黛丽只是一个二十岁的花季少女，但良好的教养和自律的本性，让她在爱情面前有所约束。她也会对勒朋的爱表示感谢，但她从不做出格的事情，任何逾越常规的举动她都不会做。

她虽然心里很喜欢勒朋带给她的情感新体验，但在亲密接触方面，一直保持保守和克制的态度和观点。

这种保守和克制，恰好与法国人的开放浪漫相反。但越是这样，勒朋越是深爱她。他炽热的追求很快就被艾拉夫人知道了。艾拉夫人问女儿的态度，奥黛丽只是羞涩地笑，却并不回应母亲。想必年轻的从未有过感情经历的奥黛丽根本不知道自己应该怎么样来回答母亲吧。

但她的沉默却让艾拉夫人暗暗心惊，她一度认为自己将会有一个在酒吧里驻唱的女婿呢！

好在蓝道很快便帮她处理了这个问题。

他趁《鞑靼酱》歌舞剧演出成功的热风，推出续集《开胃酱》和《夏夜》，在剧中，他聘请了奥黛丽，却没有聘请勒朋。没有工作的勒朋只好离开剧团自行寻找工作。很快，他就在别处恋上了别的姑娘。

失去了勒朋的追求，对于奥黛丽来说，并没有太多痛苦。因为她的工作被排得满满的，她后来回忆那段时光，感觉那时的自己“就像白痴一样拼命工作”，如此忙碌的奥黛丽根本没有时间和精力再去想爱情这个虚幻的东西。

当然，最主要的原因，还是在于自始至终，勒朋对于她来说都只是一个爱慕者，她尚未做好恋爱的准备。

梦想破碎又游走在生活边缘的奥黛丽明白，有所得就会有所失。她现在需要在工作上努力，只有工作可以保障她和母亲的生活，爱情不能。

也正是这种理性的思维，成就了光芒万丈的明星奥黛丽·赫本。如果在勒朋的追求下，她不知道社会对男女不同的双重标准，也不保守和克制，那么就不会有后来的形象良好的天使。作为一个女孩，无论你是娱乐圈里的明星，还是只是一个普通的女孩子，都要学会奥黛丽的克制，这样将助你有一个良好的形象，良好的形象。无论是在职场上，还是在婚姻中，都会给你加分。

四、生命中的第一个伯乐

在排练《金粉世界》时，我只是一个没有任何舞台训练的新手，其他人都经验老到，而我在学会之前，只能凭本能演出。

——奥黛丽·赫本

001. 拐个弯，就会有新的出路

我们在很小的时候，总是会为自己树立一个理想，接下来所有的努力、学习和拼搏都是直奔理想而去。但现实中总会遇到这样或是那样的阻碍，然后便会拐了弯或是掉了头。

奥黛丽的梦想破碎了，她奔往理想的前路被生生堵死了。但奥黛丽没有拐弯和掉头，只是守在原地黯然神伤。然而，生活总是要继续的，有时候当我们的主观意识拒绝工作时，客观环境便会为我们做出决定。

虽然在这两场歌舞剧中，奥黛丽都只是无足轻重的角色，但奥黛丽在这两场歌舞剧中的表演却引起了导演们的注意。

导演索洛德·狄金森邀请她去试镜一个重要角色，他相信这个角色能发挥她的舞蹈才能；另外一位导演马里欧·赞比则邀请奥黛丽参加当年秋天开拍的喜剧，因为他坚信那部喜剧会因为奥黛丽的加入而增添光彩。

狄金森和赞比都是当时比较著名的导演，他们的来访让奥黛丽既忐忑，又惊喜，她开始审视自己，由于自己以前的梦想是舞蹈家，所以一直把视线落在芭蕾舞上面，而忽视了许多别的东西，而今芭蕾舞这条路是走不通了，总不能一辈子都跑龙套做兼职，自己需要选择一条别的出路。奥黛丽想，这么多的电影导演看好自己，那么自己就应该多了解一下表演艺术。

聪明的奥黛丽很快就发现了表演艺术与芭蕾舞不同的一点：芭蕾

舞者每一个动作都是经过千万遍的学习和重复训练，所以每一个动作都优美精准；而表演却恰好相反，表演是即兴随意，在电影屏幕上需要表现自然，但即兴随意的动作往往犹豫笨拙。想要让每一次即兴表演都显得自然，就需要学习表演的一些知识。

学习是无止境的，无论学习的内容是不是在自己的兴趣范围之内，只要有机会学习，就要抓住机会去学，学完后知识便转化为自己的能力，将来总会有用上的时候。奥黛丽深深懂得这个道理，所以她虽然对表演并不太感兴趣，但她还是决定系统地学一下。

她在演员费利斯·艾尔玛的门下开始学习戏剧表演课程。费利斯·艾尔玛出生于1889年，比1929年出生的奥黛丽大整整40岁，此时已经是一名六十花甲的老人了。他很年轻的时候就已经出道，在英国戏剧界和影坛摸爬滚打了几十年的时间，因此对戏剧和电影表演有自己独到的心得和技巧。

而且艾尔玛和奥黛丽的舞蹈老师玛丽·兰伯特一样，都是喜欢提携新人的前辈，奥黛丽一生能够有很大的成就，除了她自身的努力之外，也和她遇到的每一个优秀的老师有很大的关系。因此，奥黛丽经常说，我相信奇迹，我也相信机遇。每一次都遇到优秀的爱护新人的老师，就是她生命中的奇迹和机遇。而她则抓住了这些机遇，用心学习所有老师教授的知识。

艾尔玛教奥黛丽如何把心放在言行举止上，还教她如何强调对话中的抑扬顿挫和如何提高比较平淡的音调。奥黛丽很快便掌握了这些技巧。

艾尔玛觉得奥黛丽很有潜力，于是推荐她去一部影视剧中试镜。这部影片的名字叫《暴君焚城录》，导演是马文·李洛伊。李洛伊导演对奥黛丽很是满意，有心要邀请她做该片的女主角。遗憾的是，电影公司却要聘用名气很高的演员为主角，因为他们觉得用新人的话，有失败的风险，他们可不愿意冒这种风险来启用一个新人。

投资者为大，谁敢惹老大不痛快，那一定是不想拍这部电影了。李洛伊导演很是无奈地放弃了奥黛丽。

几年以后，当奥黛丽站在奥斯卡领奖台上时，马文·李洛伊导演暗暗埋怨电影公司，如果当初选择用奥黛丽的话，也许那部电影会因为她而一炮走红呢。只可惜，很多时候，人们总是无法穿透时光看清楚未来会发生的事情。所以人世间才会有那么多遗憾存在。

不过此时的奥黛丽并不急于成功，这有两个原因：其一，她知道自己表演的基础很薄弱；其二，她还在为生活的费用打拼。

在成功的事业和生活的温饱两个问题面前，我们首要解决的一定是温饱问题。虽然歌舞团和兼职都能带来一定收入，只不过这种收入很不稳定，一旦不表演或是没有人应聘兼职模特，那么她就会断了经济来源。那种等米下锅的拮据生活实在是太折磨人了，奥黛丽不想再经受第二次那样的折磨。

002. 从做决定那一刻起，就已经走向成功

就在此时，联英影业的选教主任罗伯·李纳德导演找到奥黛丽，并交给她一个提案：与影业签约三部电影，酬劳是第一部500英镑、第二部1000英镑，第三部1500英镑。这些数字虽然比起奥黛丽后来

每部片酬上百万英镑来说是那么的微不足道，但对于当时每天东奔西走，周薪才 12 英镑的奥黛丽来说，已经是一笔巨款了。

奥黛丽虽然才只有 21 岁，而且默默无闻，但她深深懂得不受制于人的自由发展是多么可贵。她有心拒绝李纳德，但不菲的片酬收入又让她不舍。当时艾拉夫人无业了，她不能看着年近 50 的母亲还为自己出去做事。这样的话她会良心不安的。有时候，我们需要向现实生活低一下头。奥黛丽思虑后最终决定，与联英影业签约。

奥黛丽拍的那部片酬为 500 英镑的片子名为《野燕麦》，在这部片子里，奥黛丽饰演了一名时髦的接线生，但仅仅只有 20 秒钟的镜头。观众们还根本没有看清楚她的面容，就不见了。虽然观众们根本没有注意到这个跑龙套的姑娘，但同影片的一位同事却注意到了她，那位同事对朋友说："你看吧，这个姑娘以后一定会成为明星的！相信我的眼力。"

这话传到奥黛丽耳朵里，她只是淡淡一笑。她想，每个演员都有做明星的梦，但想要出人头地何其艰难啊！不过，她想，无论能否成功，她都要继续走下去。她没有退路可走。

多年后回忆起来，奥黛丽才发现，当时并不相信自己真的会成功。但其实早在做决定那一刻起，就已经走向成功了。

在第二部片酬为 1000 英镑的影片《天堂笑语》中，奥黛丽饰演了一名卖烟女孩，这次的的拍摄时间也非常少。第三部影片为《械劫装甲车》，奥黛丽在影片里也只是饰演一个可有可无的小角色。不过，她挣到的片酬已经有 3000 英镑，在短时期里，她再也不用为她和母亲的生活开销发愁了。

虽然在联英影业拍了三部电影，但奥黛丽都没有出名，不过这是很正常的事情。放眼看现在的演艺圈，一个寂寂无名的小演员想要出人头地何其艰难。如果没有机缘的话，哪怕你貌美如花、才华盖世也无法成功。

其实演艺圈一直如此，几十年前，在那段颠沛流离的时光中，奥黛丽·赫本也只是一个籍籍无名的小演员，她奔走在各个舞台和电影片场，在一些英国小成本电影中饰演着无关重要的次要角色，她的表演也是规规矩矩，不温不火，因此很难取得知名度。

与她一起进入演艺圈的小伙伴儿们都逐渐转行做了别的工作，或是找个如意丈夫安心做起了贤妻良母。惟独奥黛丽一直坚持着自己表演的工作。奥黛丽一直认为："如果不能够成为一名芭蕾舞演员，如果不能够成为最出色的舞者，那么我就要努力成为其他领域中最出色的人。"肖恩说这就是母亲的性格。

在那段时间里，奥黛丽真切地体验和感受着，她把学习带入每一次表演的细枝末节中，在这些细节里，打造和磨练着她的才华和能力。所谓"成功不是将来才有的，而是从决定去做那一刻起，持续积累而成的"。奥黛丽一直在积极地准备着，就像盖大楼需要夯实的地基，她在为将来辉煌的事业打坚实的基础。

人的生命似洪水奔流，不遇着岛屿和暗礁，难以激溅美丽的浪花。平静的湖面，练不出精悍的水手；安逸的环境，造不出时代的伟人。试想如果奥黛丽·赫本的芭蕾舞老师告诉她，她完全可以成为一名首席芭蕾舞者。那么奥黛丽就不会放弃芭蕾舞，转而投身于演艺事业，她就不会经历这么多的坎坷和磨难。但结局会是什么呢？

也许她会成为一名优秀的芭蕾舞者，在舞台上表演芭蕾，等到青春不再，便成为一名芭蕾舞老师，默默无闻地教舞育人。虽然这样的生活会一帆风顺，但银幕上就不会有优雅美好的奥斯卡影后奥黛丽·赫本了。所以说，珍珠是贝用血和肉磨制而成的，不经历苦难，便不会获得成功，这话一点也不假。

003. 理想是朵花，谢了可以重新开放

如果你是一粒珍珠的话，你就不要担心自己会被沙土埋没，因为沙土永远也掩盖不了珍珠的光华，只要你坚持不懈，总有一天会有人看到你。

奥黛丽便是那颗被淹没的珍珠，只不过她凭着自己的努力让自己

的光芒绽放，吸引着慧眼识珠之人来发现和挖掘她。这个人就是法国著名的作家西多妮·加布里叶·柯蕾特。

柯蕾特是法国20世纪初期的女作家，她1873年出生于法国中部勃艮第的乡村，她的父亲是退役军人，母亲人称“西朵”。在母亲的影响下，柯蕾特有着独立自我的个性和对大自然的热爱。她个性真实，也喜欢性格坦率的人。

奥黛丽与柯蕾特的第一次见面是在蒙特卡罗的巴黎大饭店里。当时，奥黛丽正在大饭店里拍摄《蒙特卡罗宝贝》，她饰演一名被宠坏了的女明星，在镜头前兴致勃勃地蹦蹦跳跳。

这时，已有78岁高龄的柯蕾特老太太坐着轮椅从外面进来，看到镜头前的奥黛丽，她眼前一亮，停下了轮椅，与身边推轮椅的男人低语起来。

第二天，柯蕾特邀请奥黛丽去她的套房，两个人交谈起来。当得知面前这个老太太便是著名的法国国宝级著名女作家柯蕾特时，奥黛丽惊呆了。很快，柯蕾特又说出一番让她更加吃惊的话来。

柯蕾特告诉她，她的一本小说《琪琪》已经被编制成舞台剧本《金粉世界》，目前正在寻找女主角，她认为奥黛丽是很合适的女主角人选，所以邀请她来出演《金粉世界》。

“噢，我没有演过这样的舞台剧。”奥黛丽从来没有想过会有这样的好事落在自己头上，但她对自己的表演没有信心。

如果自己的能力达不到，那么就不要去想。所以走出柯蕾特的套房，奥黛丽很快便将这事放下了。谁知过了些天，等奥黛丽回到伦敦，却见到了不远万里从纽约赶来的米勒和露丝。她们告诉奥黛丽，柯蕾特指定让她来做《金粉世界》的女主角，甚至为了她不惜将剧本改译成法语，所以请她一定要答应下来。

奥黛丽虽然顾虑重重，但却也觉得柯蕾特如此用心良苦，对自己来说未免不是一个机会，于是便答应了他们。后来《金粉世界》的演出成功证明了柯蕾特是一个天才，她不仅在写作上有才华和思想，而且在慧眼识人方面也颇有预见性。

在《天使在人间》一书中，儿子肖恩写道："母亲一直说是法国著名作家柯蕾特发现了她，引导她走上了演艺道路。是的，所有的演员在成功之前都需要有一双慧眼来发掘，需要有人把展现才华的机会放在你面前。在遇到柯蕾特之前，母亲只在一些英国小成本电影中扮演角色，诸如《天堂笑语》和《双姝艳》这样的音乐喜剧电影，母亲的表演不温不火、规规矩矩，也没有取得什么知名度。"

成为音乐剧《金粉世界》的女主角，虽然开启了奥黛丽到美国发展的机缘，但她对自己的表演太没有自信了。在刚开始排演的时候，奥黛丽总是惶惑不已，她对念台词没有心得，也不懂得揣摩角色。她唯一能做的便是一心学习、拼命研究。

丑媳妇总是要见公婆的，无论奥黛丽多么忐忑惶恐，《金粉世界》都是要上台表演的。1951 年 11 月 24 日这天，《金粉世界》在美国音乐剧发源地百老汇公演。第一次以女主角的身份出现在世界著名的百老汇，这让奥黛丽紧张到发抖。她是那样的恐惧，生怕自己会演砸。

不过事实证明，奥黛丽的担心是多余的，她的表演一举成功，很多剧评家都对她赞美不已。《纽约时报》的布鲁克斯·艾金森说："奥黛丽是有魅力的年轻女演员，规矩而才华横溢，她是本剧中清新的成分，表演自然不做作，流畅慧黠而扣人心弦。"《纽约先驱论坛报》指出："直率的天真和小男孩般的机智，奥黛丽的表演为窒息的一季吹来一阵清新的风潮。"《纽约世界电讯太阳报》则夸赞道："无可置疑的美和才华，奥黛丽不敢放松，但表现得优雅专业。"

各家报刊杂志对奥黛丽的赞美很快便得到好莱坞著名导演威廉·惠勒的关注，他说服了奥黛丽参加其新影片《罗马假日》试镜，在试镜过程中，奥黛丽自然优雅的表现获得了非常好的赞誉，从而让她得到这部电影的女主角角色，从此，奥黛丽走上了演艺生涯之路。、

如果说梦想是朵花的话，那么奥黛丽的舞蹈梦想之花凋谢，影视梦想之花却开始绽放。这真是一个神奇的过程。

多年以后奥黛丽·赫本回忆起自己这段经历时感慨地说："我的生涯历程真是奇妙，从第一天开始就惊奇不断，我以为自己一定会成

为一名芭蕾舞者，但我却没有成为一名舞者；我从来没有想过自己会成为演员，从来也没有想过自己会演电影，更从来没想到过一切都会以这样的方式发展。”

如果苏茜不独立坚强，那么遇到歹徒来袭，她就不会镇定冷静地面对，也不会以一个盲女的身份打败三个歹徒。如果奥黛丽不独立坚强，那么她就不可能从一个默默无闻的末流歌舞团员，一次次脱颖而出，最终被柯蕾特和惠勒发现她的才华。

奥黛丽曾经说过：“我从未演过戏，我没有想过会被柯蕾特选中，也不知道威廉·惠勒是谁，我当时很年轻，只希望自己认真工作后他们会喜欢我，会给我表现的机会，然后我在不经意中便做了演员。”

004. 前路艰难，朋友“抱团”走得远

当奥黛丽·赫本因为《金粉世界》一炮走红时，所有媒体的摄像机都指向了她，观众送来的花束更是堆满了她的房间。但此时的奥黛丽并不沾沾自喜，她说，这部歌舞剧之所以能够成功，完全是因为剧团的演员们和工作人员们共同努力的结果。她应该谢谢大家，尤其是凯瑟琳·奈斯比特。

每个人在踏入新的领域时，都会一片茫然。奥黛丽也不例外。早在柯蕾特夫人请她出演《金粉世界》的女主角时，奥黛丽就说过：“我没有出演过舞台剧。”舞台剧既不同于舞蹈表演，又不同于拍摄电影。需要一边跳舞，一边说台词。但奥黛丽作为一个芭蕾舞者，却从来没有在舞台上说过话。因此她很焦虑。

虽然能够在百老汇的舞台上表演是所有歌舞者的梦想，但那可是需要真材实料的。没有丰富的经验，根本不可能成功登上那里的舞台。但奥黛丽没有任何舞台训练的经验。她想要在百老汇的舞台上成功地饰演琪琪，前路相当艰难啊！

奥黛丽早就意识到这一点，所以在去往百老汇的路上，她一直用饮食来舒缓压力，导致她身体增重了约 7000 克。等她与歌舞团导演米

勒会面时，米勒吓了一跳，他始终无法想明白，“小精灵”短短几天怎么变成了“大肉饼”。

奥黛丽自己清楚，自己变成这样，完全是因为太过焦虑而摄入过多巧克力的缘故。但无论前路多么艰难，她都必须要走下去。于是，她先开始减肥，然后进行排演。

减肥的事情好说，凭着坚强的毅力就可以实现减肥梦想。奥黛丽严格控制饮食，只用了一个星期的时间，便减肥成功了。

比起减肥来说，排演却是难度重重。首先她没有任何歌舞剧的舞台经验，更没有表演技巧。唯一有优势的便是剧本用法语，这对精通法语的奥黛丽来说不是难事。但关于经验和技巧，她就无能为力了。因此在排演期间，奥黛丽一直处于惶惑状态。

不过，很快就有人发现了她的惶惑。这个人就是凯瑟琳·奈斯比特。她没有嘲笑奥黛丽，而是选择与她“抱团”前行。

她不停地鼓励奥黛丽：“你不要害怕，因为你有观众缘。你站在舞台上，即使什么都不做，观众的目光都会不由自主地跟随你转动。”

奈斯比特对奥黛丽的帮助不只体现在言语上，她还用行动告诉奥黛丽，自己会一直与她在一起。因为歌舞剧对演员的嗓音调控要求很高，需要每位演员都能够掌握发声技巧和扩大音色。奥黛丽住在饭店里，很不方面训练。于是奈斯比特每天都邀请奥黛丽去她位于纽约郊区的家里，陪她一起练习语调，一起对台词，还一起揣摩角色。奥黛丽稍有一点进步，奈斯比特就会夸赞她。

在奈斯比特的帮助下，奥黛丽的技巧越来越娴熟，她的自信也在逐渐增加。排演的效果也越来越好。她的表演从生涩笨拙到流畅慧黠，这让导演米勒松了一口气。

当《金粉世界》演出成功那一刻，奥黛丽长舒了一口气，她首先想到的便是感谢凯瑟琳·奈斯比特。是她的真诚帮助和指导，才会有成功的自己。

奥黛丽把每个人对自己的帮助都牢牢记在心里，她懂得“人家帮我，永志不忘”的道理。因此后来，无论她取得多么骄傲的成绩，即使是一举成为奥斯卡金奖得主，她依然记着奈斯比特对自己的帮助。每次奈斯比特出演歌舞剧时，她无论多忙，都会抽出时间去探视。

说起这段往事，奈斯比特笑着说，每个人在刚出道的时候，都会前路艰难，此时有个朋友能与她一起“抱团”，才能都走得远。所以她这样做也不只是为奥黛丽，对她自己也有帮助。

但在奥黛丽心里却不只是这么简单。她说：“在《金粉世界》里，我完全没有表演的经验，我必须学习，当时我仅有的办法就是观察其他人，以从中摸索如何举手投足。是奈斯比特教会我许多东西，才会有那次歌舞剧的成功演出。”

在奥黛丽看来，奈斯比特既是一个给自己帮助的好朋友，又是一个能指导自己专业问题的好老师。她尊敬她，仰视她。因为这份敬仰，奥黛丽和奈斯比特的友情一直持续到 1982 年奈斯比特去世。

五、恶意批评和善意提醒，都有助于成长

这是我拍片以来，唯一一次不愉快的工作经历。不过，我正好从他的不断挑剔中看到自己的不足。

——奥黛丽·赫本

001. 淡定面对恶意，修炼高情商

初入职场的年轻人，因为工作经验不足而遭受批评。倘若遇到一些自高自大的人，还会受到恶意的刁难和指责。

面对来自上司或同事恶意的刁难，该怎么办？很多年轻人无法承受这种指责，情绪就会崩溃，或辞职，或抑郁。不过，如果这些年轻人看到奥黛丽是怎样处理这个问题的时候，就会找到答案。

有人会问：你说什么？奥黛丽也遇到刁难？怎么可能？所有导演想花高片酬请她，都不一定请得动呢？是不是搞错了，谁这么大胆敢找她的麻烦？

对，你看得没有错。就是奥黛丽·赫本，有人找她的麻烦。她自己都不知道原因，因此她苦恼了很长一段时间。

当时，她才 21 岁，要是读书的话，这个年龄还在大学里呢，在那个象牙塔里，根本不可能受到无端的挑剔。可是奥黛丽没有在校园里，而是在影视圈这个“大职场”里面。她必须过早地承担起各种夸赞或批评。

那时是 1950 年 11 月，奥黛丽按照合同规定，继续为联英影业拍摄影片。这次合作的导演是亨利·卡斯，拍摄的影片名为《少妇轶事》。在奥黛丽所拍摄的几十部影片中，这部影片的拍摄过程是最不愉快的。

亨利·卡斯于 1902 年 6 月出生于英国伦敦，是一个尤其擅长拍摄

恐怖片和喜剧片的导演，因此影业公司在拍摄喜剧《少妇轶事》的时候专门请他来做导演。亨利·卡斯早在 1923 年自己年仅 21 岁的时候就开始制作影片了，他积累了与演员们相处的大量经验，影业公司有足够的理由相信，他能和影片里的每一位演员都相处融洽。

但出乎大家意料的是，亨利·卡斯对奥黛丽处处刁难。他挑剔奥黛丽的穿衣品味，挑剔她的举止动作，尤其挑剔她的口音。这让所有人都不解，其中也包括奥黛丽。

因为《少妇轶事》是喜剧片，为了表达喜剧效果，所有的演员都刻意模仿英国上等阶级人们的说话语气。无论是当时很有名气的乔安妮·格林纳达、阿西娜·塞勒，还是跑龙套的普通演员，都用这种语调来对话。可以说，这是这部影片里一个不成文的规矩了。

身为剧组的一名演员，奥黛丽自然不能例外。任何人都知道，她这样做没有错，如果她不这样做，才是错误的呢。但亨利·卡斯却每次都因为这件事情批评她。

那次，在拍摄过程中，奥黛丽正很流畅地和对手戏演员对台词，突然被导演卡斯喊停。大家都很茫然地看着他，卡斯走到奥黛丽面前黑着脸说："和你说多少次了？你这个口音不行，为什么不用你平日里说话的口音。现在这样听起来很虚伪，没有丝毫喜感可言。你难道不知道咱们这是喜剧吗？"

奥黛丽不解地说："可是大家都这样啊。"

"对啊，导演，我们都是这样的。"乔安妮和阿西娜她们都围过来，帮奥黛丽说话。

但卡斯却冲大伙儿摆摆手，说："你们的口音没有错，但她的不行，完全没有喜感，听起来很虚伪。"

奥黛丽很委屈，虽然从一拍片开始，卡斯就在挑剔她，但现在她清楚地意识到卡斯对她充满了恶意。

如果情商低一点的人，早就愤怒质问了。但奥黛丽没有这样做，她暗自开解自己，这不是自己的错，所以不必懊恼。等到工作结束后，再回头看，这都不是事儿。

这样想着，奥黛丽没有和卡斯辩驳。她只是努力地背台词，揣摩角色。在卡斯百般挑剔中，影片终于拍完了。奥黛丽长长舒了一口气。

等影片上映后，奥黛丽并没有因为口音的问题受到评论界的批评，相反，很多评论家对她的表演表示认同并赞赏。在《纽约时报》上，评论家这样说："片中饰演单身女子的演员奥黛丽·赫本非常棒，看得出来，她很努力。"

多年后，奥黛丽回忆一生工作经历时说："和卡斯工作的那段时间，是唯一一次不愉快的经历。"

面对恶意的挑剔和刁难，每个人都不会愉快。当你遇到这种情况时，不妨向奥黛丽学习一下，不计较，不懊恼，而是趁此机会修炼自己的情商，让自己成为一个高情商的人。

002. 每一个人都有值得学习的优点

人的一生，总是活到老，学到老。很多人不懂这个道理，所以总是虚度光阴，但年轻的奥黛丽却深深懂得这个道理，她一直秉持这样的观点：每一个人都有值得学习的优点。因此和每一个人接触时，奥黛丽都用心去观察他们，反思他们的缺点，学习他们的优点，

在和卡斯工作期间，她知道无端挑剔别人是错误的，所以她告诉自己，一生都不要染上这种缺点。从塞尔日·雷吉亚尼身上，她又学会如何保护自己的隐私和家人。

奥黛丽是在拍摄《双姝艳》的时候认识雷吉亚尼的。当时，她正好完成了《少妇轶事》的拍摄，马上就被选入政治惊悚片《双姝艳》影片中，担任妹妹诺拉一角。与她演对手戏的便是塞尔日·雷吉亚尼和瓦伦蒂娜·格特斯。

对尚未有成名影片的奥黛丽来说，这两位都是经验老道的演员，尤其是雷吉亚尼，当时已经拍摄了21部影片，虽然他只比奥黛丽大7岁，但在演技上面却称得上是奥黛丽的老前辈了。

奥黛丽很珍惜这次拍摄的机会，因为她清楚地知道，自己演戏的

技巧几乎为零，完全靠直觉来传达人物的情感。而和经验老道的演员合作，正是她学习演戏技巧的大好时机。

雷吉亚尼是一个很热情的人，他很乐意帮助这个善良的女孩。不过他是一个很有分寸的人，并没有直接告诉奥黛丽应该怎样做，而是引导她，帮助她去摸索和学习。

在与雷吉亚尼的合作中，奥黛丽得到了许多启发，这些启发既包括演戏过程中的技巧，也包括与媒体打交道的一些规则。当媒体问起雷吉亚尼的工作时，他总是有问有答，但绝不多说废话。这让奥黛丽懂得了作为一个娱乐圈的人，与媒体打交道，一定要把握合适的度。

奥黛丽还发现，当媒体问起雷吉亚尼有关他私生活和家人的问题，他坚决不予回答，无论答案是好是坏。这让奥黛丽懂得，在聚光灯下，想要避免是非，就一定要保护好自己的家人，以及私生活的一切问题。只有这样，才能将生活和工作区分开来。

向雷吉亚尼学习到的保护好自己隐私这一点后来让奥黛丽终身受益。虽然她一直光芒万丈，但她的母亲和孩子一直被她保护得很好，从未被舆论界议论和中伤。

奥黛丽向雷吉亚尼学习到最重要的一点，就是将工作和生命区分开来。

当媒体问已经拍摄了 20 多部影片的雷吉亚尼，演戏是不是他的生命时，雷吉亚尼迅速回答：“当然不是。那只是我的工作。”

雷吉亚尼的话给了奥黛丽一个很大的警示，切莫把工作和生命混为一谈。而在此之前，奥黛丽曾经视芭蕾舞为生命，现在在踏入影视圈后，她又全身心投入到拍摄影片中去，按照这样的趋势下去，离把演戏看成生命不远了。

而雷吉亚尼的话让她心里有了一个警觉，那就是：工作只是生命的一部分。生命还可以有很多其他的重要组成部分。

也正是这一点让奥黛丽在后来结束演员生涯后，很成功地卸下明星光环，转型为联合国儿童基金会的亲善大使。

003. 善意提醒：自由比任何事物都美好

虽然《双姝艳》这部影片没有让奥黛丽在演艺事业的路上一夜成名，但在这个拍摄过程中，塞尔日·雷吉亚尼和瓦伦蒂娜·格特斯教会她许多有用的知识，还有很多关于演艺事业中需要注意的规则，而这些东西让奥黛丽受益一生。

雷吉亚尼给年轻的奥黛丽的启发和帮助我们都有目共睹了，而与他们朝夕相处的格特斯自然也看在眼里，和雷吉亚尼一样，她很乐意向这个可爱的姑娘传授一些自己的经验。

格特斯于 1925 年出生，只比奥黛丽大 4 岁，因此两个人相处起来毫无间隙，加上她的性格豪爽，奥黛丽的性格又很随和，所以两个人非常融洽。与这两个演员一起工作，奥黛丽非常开心，之前因卡斯带来的所有忐忑不安和不愉快的负面情绪都一扫而光。

两个年龄相仿的姑娘经常“卧谈会”。奥黛丽说起雷吉亚尼的工作和生命分离论，格特斯点头称是。她看着奥黛丽美丽的大眼睛，觉得自己有必要再向她强调一下，格特斯希望自己的经验可以帮到这位可爱的小姑娘。

她说："我要再次提醒你一下，奥黛丽，比起他们男演员来说，观众和社会对女演员的要求又会更高一些。倘若一个女演员受到观众的喜爱，那么他们就一定想要更加仔细地了解这位女演员的一切，包括她的生活，甚至她的吃饭穿衣，作息时间，等等。"

看奥黛丽聚精会神地聆听，格特斯继续说："我们必须承认，这真的很让人感动。有人如此关心着咱们，就像亲人一样，想起来就会很温暖。但是，你一定要记住，不能将自己的生活公诸于世，每个人都必须要有自己的私密空间，隐私生活。一旦你的生活处于透明状态，那会是一件很可怕的事情。"

奥黛丽是一个聪慧的人，她明白格特斯的提醒充满善意，更充满爱护，于是将她的话全部记在心里。后来，她一直妥善地处理生活和工作之间的关系，从未将自己的生活和家人暴露在媒体面前。这样的好处，就是她在疲倦的工作之余，有一个可以全身心放松的空间得以休憩。

格特斯还给了奥黛丽另一份善意的提醒，而这份提醒，让奥黛丽一生都能够保持自由。

此时的格特斯已经拍摄了十来部影片，也签约了好莱坞，在当时的影视界颇有名望。她和奥黛丽说起好莱坞，然后说道："你将来如果踏进好莱坞的话，签长期合同之前一定要谨慎三思。因为好莱坞会让你任何时刻为他们做任何事情，你根本没有属于自己的时间。你要记住，自由比任何事物都美好。"

格特斯的这番话留在奥黛丽的心里，久久盘旋。是啊，不受外力拘束压迫，这就是自由；不想做什么，就可以不做什么，这也是自由。还有什么能比自由更美好呢？

如果说雷吉亚尼对奥黛丽的帮助是让她分清工作和生命的不同，那么格特斯对奥黛丽的帮助，则是让她一生都不被沦为环境的奴隶，都不被工作所束缚。

现在很多人在选择工作时都看外在条件，却往往忽略了这一点。因此成了工作的奴隶。下一次，当你要做决定的时候，一定要听一听这个善意的提醒：自由比任何事物都美好。

不过要弄清楚，这里的自由并不是任性妄为，而是不想做什么的时候可以拒绝。

第三辑 解密魅力
—— 天使是怎样炼成的

女人的魅力不在于外表，真正的美丽折射于灵魂深处，在于亲切的给与和热情。一个女人的美丽随着岁月而增长。

——奥黛丽·赫本

她迷人的双唇在于亲切友善的语言，可爱的双眼是因为它善于看到别人的优点，苗条的身材是因为将食物与饥饿的人分享，美丽的秀发是因为孩子的双手经常抚摸它，而优雅的姿态来源于和知识同行。

——赫本密码

一、《罗马假日》：吃苦耐劳所塑造的经典小公主

为了生活，我必须工作。幸运的是我选择的是自己喜欢的职业，而且幸运地遇到威廉·惠勒。从此拍的都是高质量的影片，让我从中得到无限的乐趣。

——奥黛丽·赫本

001. 家人的态度，决定一个人过的人生

在希腊神话中，有一个名叫摩伊拉的女神，她就是命运之神。传说摩伊拉操纵着象征所有人命运的丝线。她通过纺织丝线的长短来决定一个人寿命的长短和一生中的灾祸福贵。这个女神对人类来说是至关重要的，因为她决定着人们的生命之路，从他们出生一直到死亡，期间的吉凶祸福，都在她的掌握之中。

摩伊拉是一个为人严厉的神，她不会任意改变一个人的命运，但如果有谁能够得到命运之神的青睐，那么这人就一定会书写奇迹，创造出传奇来。奥黛丽·赫本经过不懈的努力拼搏后，因《罗马假日》获得了奥斯卡奖，她终于得到了命运之神的青睐。

其实，最初的奥黛丽差一点与《罗马假日》这部戏擦肩而过。当时，奥黛丽已经 22 岁，生命犹如一朵玫瑰含苞怒放。她坚强的个性和清纯的外貌俘虏了许多男士的心，在众多的追求者中，奥黛丽选择了为人可靠的英国企业家詹姆斯·汉森。

她和詹姆斯情投意合，两个人决定等她演完《金粉世界》就结婚。由于童年遗失的爱留下太大的创伤，导致奥黛丽对家庭有极大的向往。虽然她一直在为自己有一份事业而打拼，但在她心中，家庭却比事业

要重要得多。

不过，在这一点上，不得不提到艾拉夫人。由于自身的经历让艾拉夫人明白，身为一个女子，只有爱和家庭是万万不行的。如果说家是一座大厦，那么爱和经济便是这座大厦的两个地基，缺一不可。缺了爱，婚姻注定会破灭，而缺少经济，自己和孩子则会过得很委屈。所以一直以来，艾拉夫人都在鼓励女儿学习，从芭蕾舞到电影表演技巧，她都满腔热情地鼓励和引导女儿。

不得不承认，虽然一直被生活的琐碎包围着，但丰富的人生阅历让艾拉夫人看问题有自己独到的见解。

如果说没有母亲的固执，奥黛丽就会错过威廉·惠勒的应征，那么出现在罗马街头的安妮公主就会另有其人，而奥黛丽也不会在电影界一举成名，她或许会成为一个企业家的太太，从此以后过着“与马和卡车为伴的日子”。不得不承认，我们会过怎样的人生，其实与家人的态度有相当大的关系。

后来，在婚姻的问题上，奥黛丽不顾母亲的反对，前后与费勒和多蒂结婚，最终都以失败告终，反而是深受母亲赞赏和喜爱的罗伯特·沃德思，与她一起走过生命，直到尽头。不过这些都是后话，暂且不提也罢。

002. 相看两不厌，唯有敬亭山

作为女儿，奥黛丽是独立而又孝顺的；而作为演员，奥黛丽灵性智慧、真实自然，表现得很出色，好莱坞著名影星格里高利·派克在与她第一次合作时便对此深有体会。

后来，关于奥黛丽·赫本与格里高利·派克之间超越爱情之上的情意一直让世人唏嘘动容。

其实早在还没有踏进电影界时，奥黛丽便已经知道格里高利·派克的大名。她知道派克是好莱坞著名的巨星，也知道他是一位同情黑人的民权运动参与者，无论是派克的演技还是他的品行，都让奥黛丽崇拜和仰慕。因此得知自己将与派克做搭档时，奥黛丽又惊又喜，同时还有几分忐忑。

大多数人少年时期都曾经有过追星的经历，在他们眼里，偶像全身都闪烁着耀眼的光芒，在这种光芒照耀下，自己显得卑微，即使本身优秀，但在偶像面前也会没了自信。奥黛丽与派克相见之前，已经因饰演《金粉世界》中的琪琪而获得了很大的成功，她虽然还没有名扬天下，却早已不是当初那个为生活疲于奔命的兼职歌舞团演员。但即使是这样，在第一次与派克见面的时候，奥黛丽依然很局促不安。

1952 年 5 月，奥黛丽参加了派拉蒙公司为男女主角举办的招待会，在会上，奥黛丽与派克第一次见面。当时的派克 36 岁，正是一个男人人生中最辉煌的时候，他身材高大，相貌英俊，和蔼可亲，简直就是一个温文尔雅的高贵绅士。看到自己的偶像如此风度翩翩，奥黛丽被震慑了，她完全忘记自己的身份，只是用仰慕和敬畏的目光看着派克。

而派克也对眼前这个美貌而又优雅的姑娘很有好感，他觉得她的存在就是一种美丽，这是在他 36 年的人生中从未有过的感觉，而且如此强烈。在接下来的日子里，他无私地传授和帮助着奥黛丽。虽然当时他的名气比奥黛丽不知大出多少倍，但他却心甘情愿地把自己置于陪衬的地位，就像是绿叶衬托红花一样。

后来因为这部影片而取得奥斯卡影后奖时，奥黛丽感激地说："我能有现在的成绩，必须要感谢格里高利·派克。"因为有了派克的衬托，奥黛丽才会如一朵洁白的雪莲花怒放于荧屏之上。

有一种现象叫"眼缘"，意指一个人同另一个人在第一次见面的时候被对方的外表长相、气质神韵所吸引。眼缘分为一见眼缘和终身眼缘，一见眼缘指短暂的认同愉悦，而终身眼缘指"相看两不厌，只有敬亭山"那种百看不厌、不关岁月的真正的眼缘。有人感慨，自己与很多人擦肩而过，衣服都擦破了，还是擦不出一点火花。因此"眼缘"被认为是天注定的，人力不可逾越。

而奥黛丽和派克之间在第一次见面便被对方所吸引，在接下来的人生中，他们相互依靠、相互扶持，因此可以说他们之间存在终身眼缘。他们之间确实是存在爱的，只是这种爱早已超越了爱情，升华为一种高贵纯洁的情谊。这份情谊是命运对奥黛丽的恩赐，在后来的人生中，奥黛丽遭遇了两次婚姻之痛和癌症的折磨，派克的安慰总是能让她从痛苦中抽离出来。这份情谊始终陪伴在她左右，即使到奥黛丽去世后都没有消失，派克最终将它演绎成一种高贵的爱，不可亵渎。

除了格里高利·派克，在帮助奥黛丽一举成名的名单中，还要提到威廉·惠勒。是他慧眼识英雄，给了奥黛丽施展才华的平台。如果说奥黛丽是一颗掩埋在尘土中的珍珠，那么威廉·惠勒就是发掘珍珠的那个人，而派克则是拂去珍珠上的灰尘，是他们两个让奥黛丽这颗珍宝展现于世，大放光芒。

003. 宝剑锋从磨砺出，梅花香自苦寒来

我们早就说过，人的成功，作为主要条件的主观因素必不可少，而作为辅助条件的客观因素也很重要。当然这句话也可以倒过来说：我们的成功，作为辅助条件的客观因素很重要，而作为主观因素的主要条件更是必不可少。如果说威廉·惠勒和格里高利·派克是奥黛丽成功的客观因素，那么奥黛丽自身的才华和努力则是必不可少的主观因素。

在《罗马假日》中，我们可以看到罗马的标志性景点：石柱上的浮雕、中世纪的喷泉、巨大的环形教堂、古色古香的雕塑……电影的每一个细节无不体现出文艺复兴时期的古典韵味。而街头的理发店、市场里的鞋摊位、路边的咖啡馆、波光粼粼的河水和河边的舞会又处处渗透着罗马的温馨、清爽和繁华。

但镜头里的世界总是与真实的生活完全不同。其实 1952 年的夏季是罗马有史以来最炎热的夏季，而且比天气更糟糕的是当时罗马的政治局势，罗马的大街小巷处处充斥着嘈杂、热浪、流弹和恐怖。在这样的环境中，奥黛丽的工作难度可想而知。

在电影中，白日里的安妮公主身着白色长裙、头戴皇冠，高贵典雅、气质非凡，像是一朵在皇宫花园里盛开的牡丹花，雍容而华贵；夜里逃出大使馆的公主虽然身无分文，流落街头，但她身穿衬衫喇叭裙、

披着过肩长发的样子又如荷池中那一尘不染的荷花。

事实上那段时间罗马像是着火一般炙热，演员们脸上化妆的油彩经常拍到一半就溶化掉了，大家常常拍到一半的戏码，不得不去重新洗脸补妆，有时候一个镜头重复拍摄五六十次才算 OK。

奥黛丽是女主角，只要她的戏份通过，那么这个镜头基本上就算过关了。为了能让每一次拍摄都尽快完成，她就需要一直端着那股劲儿，丝毫不敢放松。奥黛丽体质一直就弱，不难想象她比起别人承受得自然要更多。

《罗马假日》中有这样一个镜头：在街边的咖啡馆里，乔要请安妮公主喝咖啡，谁知安妮公主却要了香槟，她还告诉乔，她的父亲也爱喝香槟。安妮公主的父亲是国王，在那个年代里，香槟意味着上层人的消费，也就意味着权力和享受。但实际上那段日子，奥黛丽几乎把香槟当成三餐，只不过这与享受丝毫也沾不上边，相反是为了补充体力和精力。因为天气酷热，剧组的所有人都吃不下饭。但高强度的劳作又需要大家保持足够的体力，所以即使没有食欲，大家也会勉强吃上一点。奥黛丽本来就很柔弱，平日里吃得很少，此时更是没有胃口，她几乎什么都不吃，每顿饭都只喝一点香槟来补充体力。

在电影里，当安妮公主站在主座与大臣们一一握手时，气氛严肃而庄重。但她居然借着长裙的掩护，悄悄的把脚从高跟鞋里拿出来。结果一不小心踢翻了自己的鞋，这下她穿不上鞋了。她仍佯装镇定，依旧与客人们握手，但是裙子里，她的脚却在不停地翻转那只不听话的鞋。舞会结束后，公主要睡觉了，她不想穿睡袍，下床不穿拖鞋。在这几个片段里，奥黛丽把一个美貌而娇宠的公主演得活灵活现。

而在威廉·惠勒和派克刚与奥黛丽结识时，也以为她会是这样的一个女孩。但事实上，奥黛丽却大大出乎他们的意料。他们发现，奥黛丽是一个极有修养的女孩。在困难面前，她冷静坚持、不懈努力；在受到委屈时，她谦逊克制、善解人意。

威廉·惠勒记得最清楚的是《罗马假日》里那场离别戏。在乔的陪伴下玩耍了一整天的公主，终究还是要回去尽职。乔送她回大使馆，到了大使馆外，公主让他把车停下，两个人在车里告别。这是一个伤感的时刻，需要公主流出难舍的泪水。但因为车外有很多市民和游客在围观，大家都在起哄，由于片场气氛过于欢愉，所以奥黛丽根本无法入戏，这导致她一点也哭不出来。

在连续拍了好几次都不过关时，威廉·惠勒生气了。他冲奥黛丽大声吼："如果你哭不出来，我们就不能收工，全都守在这里等你哭出来！"奥黛丽听了威廉·惠勒的呵斥，眼圈一红，眼泪刷地流了出来。因为自从认识威廉·惠勒，他就一直像个长者一样慈祥而温和地对自己，突然这么生气，这让奥黛丽委屈又难过，所以才会一下子哭出来。

心里着急的威廉·惠勒顾不得劝慰她，而是连忙让摄影师把这个镜头拍摄下来。拍完后，惠勒给了奥黛丽一个大大的拥抱，并想为自己在众人面前吼她而向她致歉。没等他出声，奥黛丽先开口说："如果不是你用这种办法帮助我，今天一定无法完成这场戏的拍摄，所以我要谢谢你。"奥黛丽的善解人意让大家都笑了起来。

《罗马假日》一经播放，便在观众中引起极大反响，奥黛丽式发型和奥黛丽式服饰很快便成为时尚界的潮流风尚标。而奥黛丽更是成为家喻户晓的人物。有人说，奥黛丽在《罗马假日》里的成功是命运之神对奥黛丽的青睐。奥黛丽自己也承认这一点。

在 1954 年 3 月 25 日奥斯卡颁奖晚会上，《罗马假日》获得包括最佳电影在内的 10 项提名，最终获得 3 项大奖，而身在纽约主演戏剧临时赶到的奥黛丽·赫本获得奥斯卡最佳女主角奖，她的获奖致辞是："这部电影给我的荣誉太多了，我要向在过去这几个月及这些年来，曾经帮助过我、引导过我、给予我这么多帮助的每一位说声谢谢。我真的、真的非常感激，并且觉得万分高兴。"奥黛丽感谢了所有的人，却唯独没有提到在拍摄过程中她付出的努力。

无论是在这部电影，还是在后来奥黛丽饰演的电影中，她在镜头前展现给观众的是这样的美好，但很少有人知道，镜头外的奥黛丽承受了多少艰辛。就如人们只看到太阳的光芒，却看不到太阳背后无数的暗粒子。

二、《龙凤配》：优雅，女人的永恒之美

若要优美的嘴唇，要讲亲切的话；若要可爱的眼睛，要看到别人的好处；若要苗条的身材，把你的食物分给饥饿的人；若要美丽的头发，让小孩子一天抚摸一次你的头发；若要优雅的姿势，走路时要记住行人不止你一个。

——奥黛丽·赫本

001. 优雅和美丽的区别

法国时尚界泰斗安东丽·德阿里奥夫人曾经撰著一本书，书名为《优雅》，这本书一出版即畅销欧美。在书中，她以优美而感性的语言诠释了“优雅”的真谛：“优雅是得体而精致的外表，丰富而强大的内心；优雅是柔而不娇、坚而不厉的品性气质；优雅是积极乐观、从容淡定的生活态度。”

而当我看到这段话的时候，本能地想到奥黛丽·赫本，她的存在就好像是一颗完美的钻石，散发着璀璨的光芒。而这份光芒来自于她美丽的外貌、迷人的仪态和优雅的气质。

奥黛丽是美丽的，她拥有清秀端庄的脸庞、清澈如水的大眼、高挑苗条的身材。当然只是凭借美丽的容貌还不足以使她的银幕形象熠熠生辉，毕竟同时期好莱坞的美女实在是数不胜数：玛丽莲·梦露、简·西蒙斯、格蕾丝·凯利、伊丽莎白·泰勒……比奥黛丽美丽的女演员大有人在。但奥黛丽却能从众多美女中脱颖而出，倾倒众生，那是因为她除了美丽，还有一种独特的优雅气场。

所谓优雅，指一个人优美高雅。优雅与美丽很近似，只不过美丽

是上天的恩赐，表现在一个女人身上即是天生丽质。优雅是一种综合素质，表现在一个女人身上即是从容平和。而优雅又比美丽更高一个档次，一个美丽的人不一定是一个从容平和的人，而一个优雅的人，哪怕她长得并不是很漂亮，却会给人一种很舒服的感觉。这是美丽和优雅的区别，而这也是奥黛丽与她同时代美女们的区别所在。

对于奥黛丽的优雅和美丽，最有发言权的当然要数她的御用摄影师鲍勃·威洛比。鲍勃早在奥黛丽1953年刚出道的时候就担任她的摄影师，他为奥黛丽拍下了许多影坛靓影和生活照。

时隔多年以后，鲍勃·威洛比回忆起在华纳片场第一次与奥黛丽相见时的情景，依然记忆犹新。他说："看到奥黛丽那一刻，我惊呆了，我做这行这么多年，从来都没见到过如此优雅美丽的女孩。她的微笑是上帝创造的，用来融化凡人的心。"

说到这里，我的脑海里总是浮现出奥黛丽主演的电影《龙凤配》中，从巴黎学成归来、在车站等父亲来接的萨宾娜的身影。那个身穿黑裙、头戴白色纱巾的女子恬静而美丽，散发出惊人的魅力。其实在此之前，萨宾娜是没有这种魅力的，她只是司机家中一个穿着女仆衣服的小丫头，普通得犹如花园里的那棵树，虽然戴维每天从此经过，都没有正视过她一眼。但是同样是这张脸，这个人，从巴黎接受教育之后，身上自然而然地散发出一种优雅的气质，优雅就像是一束光投射到萨宾娜身上，让她充满光芒，明媚而耀眼。

如果说"萨宾娜"是银幕上一朵怒放的优雅之花，让观众赏心悦目的话，那么在幕后，奥黛丽则是一道优雅的风景线，向与她一起工作的伙伴们展示着优雅的魅力。

由于受到母亲维多利亚时代教育的影响，奥黛丽与人相处时的说法模式为"谨慎、简洁、直白"，这一点服装设计师海德深有体会。伊迪丝·海德是好莱坞史上最重量级的服装设计师，她曾经拿过多次奖项，这些奖项让海德自信而骄傲，她不允许别人随意指点她的服装设计。

但在商讨《龙凤配》中的戏服时，奥黛丽却置海德的信条于不顾，直言不讳地表达出自己对服装的意见，这让海德很不习惯。不过海德却并不反感和讨厌她，反而觉得她的坦白和直率优雅得像是一道美丽的风景，让人愿意与她沟通和交流。这就是优雅奥黛丽的魅力所在。

002. 每一份指责背后，都有一个主观原因

奥黛丽幽默风趣，但从不与人进行无谓的闲谈，因此每个与奥黛丽一起工作的人都夸赞她平和与成熟。但也有极个别的人除外，这个人就是亨弗莱·鲍嘉。在职场工作的人都知道职场中的排挤现象。就在奥黛丽开心地接受《龙凤配》女主角这个角色时，她却并不知道作为男主角的亨弗莱·鲍嘉并不欢迎她，甚至发声排挤过她。

说起鲍嘉这个人，可是大有来头。他出生于美国一个有钱家庭，长大后加入海军，参加了第一次世界大战。他是一位爱国者，在整个第二次世界大战期间，鲍嘉作为一个爱国者多次出席集会并长途旅行，到遍及世界的美国军队中进行慰问演出。而在电影界，鲍嘉更是响当当的人物，20世纪40年代中期，在《卡萨布兰卡》中出色的表演让他获得奥斯卡最佳男演员奖提名，这部电影直至今日还被人认为是永恒的经典，而鲍嘉也由此成为世界上最耀眼的明星。多年以后，鲍嘉被美国电影学院评为有史以来最伟大的电影男星，全世界许多著名演员都欣然承认他们的表演风格和性格受到了鲍嘉很大的影响。

亨弗莱·鲍嘉在全球人和电影界保留着传奇性的地位。评论界对他的评论是："虽然他所扮演的银幕形象是粗暴的反面人物，不过鲍嘉本人的个性却截然相反，他彬彬有礼，为人谦和，总保持着真正的君子风度。"但就是这样一位绅士，却在面对奥黛丽的时候显得有些小气，不够大度。

其实导演比利·怀尔德最初选定的男一号是加里·格兰特，他演爱情戏驾轻就熟，但格兰特却拒绝了。他拒绝的原因是女主角奥黛丽太年轻，两个人年龄悬殊太大，看起来根本就不像一对恋人。格兰特这已经是第二次因为同样的原因放弃男主角角色，第一次是《罗马假

日》。他的第一次放弃成就了奥黛丽与派克的相识，而派克给予了奥黛丽在拍戏过程中的许多帮助，从而让奥黛丽在表演上受益匪浅，后来派克又把片头挂名让给奥黛丽，帮助她一举获得奥斯卡影后奖，说起来奥黛丽还真的该感谢格兰特的推让呢。

只不过，格兰特第二次的推让，奥黛丽就没有这么幸运了。因为格兰特拒绝出演，所以比利·怀尔德选择了鲍嘉。鲍嘉演技超棒，这是众人皆知的，因此奥黛丽一直在为有这样优秀的搭档而高兴。

但是鲍嘉却不以为然，他接到剧组的聘用后，便公开表示他不喜欢奥黛丽·赫本，他觉得奥黛丽只是一个新人，虽然相貌美丽，但却根本不会演戏，想要将麻雀变成凤凰后的优雅和娇艳表现出来只怕很难，反而是他的妻子劳伦·白考儿更适合这个角色。

鲍嘉这样的言辞在外人看来，未免私心的成分更重一些。但人生在世，都是有私心杂念的。鲍嘉和妻子白考儿虽然年龄相差25岁，但两个人却一直恩爱有加，鲍嘉想要妻子与自己联袂演出的想法倒也无可厚非。而且白考儿美貌和演技并重，确实能胜任这个角色，所以鲍嘉才会希冀剧组弃奥黛丽而用白考儿。

但让鲍嘉没有想到的是，戴维的饰演者威廉·霍尔登对奥黛丽一见钟情，他怎么会让自己心爱的姑娘被辞。两个人在为换不换女主角的问题上起了分歧。他们的分歧被导演比利·怀尔德知道后，他选择了站在威廉·霍尔登的一边。这样的结果让鲍嘉很郁闷，但他也无法改变什么，只好接受了这个事实。

后来鲍嘉才知道，比利·怀尔德之所以选择奥黛丽，除了因为她是一个新星之外，她的片酬也比他们低得多：因为那时候《罗马假日》还没有开始上映，奥黛丽还没有红遍整个电影界，加之她是首次来到好莱坞公司的摄影棚拍片，所以只算得上是个新人，因此她的片酬是1.5万美元，而他的片酬则是30万美元。身为资深电影人，鲍嘉深深懂得“低廉的片酬能为投资方节省不少的资金”这个道理。

在《龙凤配》中，男主角邀请萨宾娜跳舞、看电影、出海游玩，显得浪漫温馨，但事实上，镜头外的鲍嘉对奥黛丽很不喜欢，他总是抱怨。因为那时候奥黛丽并不是表演系科班出身，表演的技巧完全靠自己的悟性，她完全不按套路出牌的表演在演技卓绝的鲍嘉眼里是那样青涩。

鲍嘉不是派克，他不会耐心去引导奥黛丽，而是不耐烦地指责奥黛丽表情不到位，根本不会演戏。在拍摄中有换新台词的时候，奥黛丽难免会忘词。鲍嘉就会露出不屑的表情，讥讽她说："或许你应该回到家里去重新把剧本背熟。"

这样的情况经常会在拍摄现场出现，其他演员甚至都有一种"这里是战场"的错觉。可想而知，当时奥黛丽所处的状况有多么糟糕。在影片开拍后的一次访谈中，被问到与奥黛丽合作的感受时，鲍嘉带有讽刺意味地说："如果你不介意一个镜头拍20次的话，那么和奥黛丽·赫本合作的感觉还不错。"这句话充分证明了上面这一点。

当我们面对别人平白无故的指责和抱怨时，心情都会很低落。不被人了解的痛苦常常让我们变得压抑。剧组工作人员听到鲍嘉的抱怨，都担心奥黛丽会无法接受。尤其是深爱着奥黛丽的威廉·霍尔登，担心自己心爱的女孩委屈难过，因此每次片场结束，他都带着奥黛丽出去约会，哄她开心。

003. 优雅：制服对手的终极武器

霍尔登小心翼翼地呵护着心上姑娘，怕她受委屈，谁知奥黛丽却对此毫不在意，对于鲍嘉，她始终把他当作前辈，因此怀着敬重的心情谦恭地对他。当有人告诉奥黛丽鲍嘉不喜欢她时，她如孩子般纯真地笑着说："他有不喜欢我吗？我怎么没有感觉到。"她的笑容那么美好，仿佛所有的一切不快都从来没有发生过。她是那样宽容和仁慈地对待自己和他人，这就是优雅的奥黛丽。

鲍嘉的抱怨并没有因此而停止。比利·怀尔德看不过去，和他辩解了几句，谁知鲍嘉更生气起来，他抱怨他们串通起来故意和他作对。我们每个人都有生气的体验。如果某件事情或是某个人让我们气恼，却又无法宣泄的话，那么怒火就会像堰塞湖里的水，越积越多，最终它总是要爆发的，到那时破坏力会大很多。

如果一个团队中有人闹脾气，那么气氛一定会很紧张。终于有一天，在这紧张的气氛中，鲍嘉的怒火爆发了。

那天，筋疲力尽的编剧欧内斯特·莱曼忘记了把当天戏份的副本送到鲍嘉手里，鲍嘉勃然大怒，把莱曼指责了一顿。比利·怀尔德对鲍嘉的态度很不满，也生起气来。一时间，剧组里鸡飞狗跳，混乱到了极点。

鲍嘉酗酒，每天他都会喝几杯威士忌。喝了酒后的鲍嘉脾气更大，他除了抱怨奥黛丽，还抱怨导演和工作人员，甚至抱怨剧本，他抱怨说"自己的出演是一个极其错误的决定"等等。在一个团队中，如果大家团结互助，和睦相处，那么氛围一定很融洽，但因为鲍嘉的抱怨，整个团队的气氛简直糟糕透了。比利·怀尔德曾因此一度放话要停止拍摄，当这部电影终于拍摄结束时，大家都为终于不再听到鲍嘉的抱怨而长舒了一口气。

奥黛丽一边劝慰怀尔德，一边与鲍嘉做沟通和交流。她始终面带微笑，微笑是一个人永恒的魅力，它是优雅的一种外在表现。鲍嘉被奥黛丽温柔和善的心情所折服，终于不再指责不停。而且电影拍摄结束后他对奥黛丽还有很高的一番评价，他说："奥黛丽跟其她芭蕾舞者一样，有很高的纪律性。"而对于两人的对手戏，鲍嘉不再指责，而是很客观地描述说："和奥黛丽演戏时她像是一个出色的网球选手，让自己的球路多样化，因此她的套路总是那么出其不意，极有个性。"

在《龙凤配》里，当莱纳斯告诉萨宾娜自己一直欺骗她的真相时，萨宾娜没有委屈流泪，而是优雅地转身离开，留下莱纳斯一个人惆怅不已。而在戏外，莱纳斯的扮演者鲍嘉对奥黛丽的印象之所以出现如此大的逆转，也正是奥黛丽的优雅让他折服。

奥黛丽的存在就像是一道优雅的风景线，让所有靠近她的人都为之心生喜欢。1954 年 11 月《VOGUE 风尚》上的一篇文章写道："在现在这个时代，几乎找不到像奥黛丽这样的姑娘，她天生具有明星气质，让人着迷。她那么与众不同，不但声音特别，就连语言的节奏也很有个性。因为这些，从她出道到现在成名，她完全凭借自己的天赋和努力，才会有如此巨大的成绩……奥黛丽聪明好学，伶俐机智，而且善良，心肠好，为人真诚坦率，恰好是美国人心目中的偶像代表。这样有优秀品德的人，是新时代完美女性的代表。"

三、《战争与和平》——坚强是意志的最好助手

我不能因为获得这些奖就冲昏了头，因此松懈，而忘记毕生的志向。

——奥黛丽·赫本

001．做拼命小超人，打倒工作上的小怪兽

在奥黛丽主演的电影中，场面最为恢弘壮观的要数《战争与和平》。在这部影片中，如潮水一般奔流不息的士兵、奔腾的马队、莫斯科熊熊燃烧的烈火，还有演员们那华美的服饰，都足以让人震撼。

但在整部影片中，最有亮点的还是饰演娜塔莎的奥黛丽。她身穿鹅黄色连衣裙从家里的楼梯上跑下来的时候，就宛如一只轻盈的蝴蝶在旷野中飞舞，她的笑声像风吹过风铃发出的声音，清脆而圆润。

在那个充满灰暗色调的时代，娜塔莎就像是一股春风吹散人们心头的战争阴霾，她的纯真、美丽和在成长过程中树立的信念都让人着迷。娜塔莎是一个健康活泼、充满朝气的女孩，奥黛丽把这一人物形象饰演得惟妙惟肖，深入人心。但是却鲜少有人知道，在拍这部电影的时候，奥黛丽的身体状况并不好。

奥黛丽小时候患过百日咳，虽然后来奇迹般地恢复了，但奥黛丽的身体却变得十分柔弱。在她长身体的童年时期，又赶上第二次世界大战爆发，她和母亲身陷被纳粹占领的波兰，在德军的统治下，食物都要优先供给德军，然后才是当地的居民。不过居民也分贵族和普通平民，剩下的粮食都被贵族瓜分了，普通平民是分不到的。幸亏奥黛丽的外祖父曾经是阿纳姆市的官员，所以能够分得一些食物，但也不

能果腹。

多年以后，奥黛丽回忆起这段时光，她说："最后那年的冬天是最糟糕的，城市里的食物已经所剩无几，还要优先供给德军。虽然我们还不至于饿死，但总是吃不饱。"后来战争终于结束了，但一直处于饥饿状态的奥黛丽却患上了严重的营养不良。营养不良会导致很多并发症，严重的甚至会死亡。奥黛丽虽然没有被营养不良夺去性命，但她却因此患上哮喘。

虽然说人在长大的过程中，身体有自我修复能力，但在没有成名之前，奥黛丽为了生活不得不做兼职，她早出晚归，工作很是劳累，因此奥黛丽始终都很瘦弱。

到了1952年，奥黛丽参加了《金粉世界》的演出。在纽约的百老汇，《金粉世界》剧组连续演出5个月，在这5个月里，每周都要演出8场，也就是说，奥黛丽在这5个月里几乎不曾歇息。后来《金粉世界》演出结束，她又马上飞到罗马参加《罗马假日》的拍摄工作。而在这次工作中，奥黛丽又热又累，根本吃不下饭，她每天都只靠香槟来补充身体的消耗。这样高强度的工作量对于纤细瘦弱的奥黛丽来说是无法承受的。

而且让奥黛丽无法承受的还有媒体的采访。因为《金粉世界》和《罗马假日》的播放让全世界都知道了奥黛丽·赫本这个人，所有娱乐媒体的聚光灯都照在奥黛丽的身上，奥斯卡让她熠熠生辉，同时也带给她很大的压力，因为在接下来的日子里，她必须每次演出都要更精彩才行，她不能有丝毫闪失，否则观众们就会失望。就好像一个人攀登到峰顶，便要努力保持那个位置，否则等待他的命运便是坠入谷底。

而保持在峰顶的基石来源于观众，如果观众不满意，那么你的世界便会瞬间坍塌，结果便是跌入深渊，粉身碎骨。奥黛丽那时就在承受着名气给她带来的压力。她曾经在有一次接受采访时说："虽然已经成功，但我还是心惊胆战，我觉得只有自己做到十分完美，才能对得起观众对我的无比期望。"除了承受名气之累，她的隐私也全部被暴露无遗，这让一直没有安全感的奥黛丽很不习惯。

即使如此，那些娱记依然不肯罢休，他们想要更吸人眼球的报道，于是围绕着奥黛丽的各种谣言也随之而起。如果是娱乐圈的老人，对于这些会一笑而过，但奥黛丽那时候才 20 多岁，刚出道，哪里见过这种架势。加之奥黛丽一直洁身自好，突然谣言缠身，这让她无法接受。拍完《翁蒂娜》之后，无法负荷的压力让奥黛丽的身体和心理都垮掉了。

002. 结婚和流产，生活像坐过山车

心情的抑郁烦乱在她的脸上直接表现出来。她脸颊苍白，毫无血色，看上去非常疲惫，她的肌肤如水果般娇嫩，本来一直为世人所称道，但此时也变得干燥，没有了弹性，甚至出现了在她这个年纪不应该出现的黑眼圈。

为了提神和安抚自己，她不得不用抽烟这个办法，但吸烟量越大，情况就越坏。那段时间，奥黛丽一直处于心神涣散的状态，到最后，她的状况糟糕到不得不去看医生的地步。

她的医生说："每个人辛苦工作都是为了钱，因为金钱是一切生活的基础。但如果以牺牲身体健康为代价去挣钱的话，把金钱凌驾在健康之上就太得不偿失了，所以在你身体健康的时候辛勤工作没问题，但在你的身体出现问题的时候还是好好保护你的身体吧！"医生建议她找一个地方好好休养生息，等到身体调理好再工作。

在医生的劝说下，奥黛丽决定放下手里的工作休养一段时间。虽然她舍不得自己刚刚开创出来的事业，也放不下养家的责任，但她深深知道，只有拥有一个健康的身体，才能更好地工作和生活。

因为奥黛丽一直喜欢没有战争的瑞士，所以她决定去瑞士休养。谁知因为错选了旅馆，她再次被记者包围起来。

奥黛丽痛苦极了，她不想出去面对各种失实的娱乐报道，只得把自己关在屋子里，每天只是望着窗外发呆。在这样的状况下，奥黛丽的健康不但没有得到恢复，反而每况愈下。

那时候，她正与第一任丈夫梅尔·费勒谈恋爱。看到心上人被折

磨成这般摸样，费勒心疼不已，他放下手里的工作，陪她去了瑞士的一个山顶小村布尔根施托克居住。

这个小村落在奥黛丽的生命中写上了浓墨重彩的一笔，因为在这里，梅尔·费勒向她求婚，他们在布尔根施托克的琉森湖畔举行婚礼，她的大儿子肖恩也是在这个小村对面的卢塞恩镇诞生。

清新优美的环境让奥黛丽的身体得到了最好的调理，她的身体在慢慢康复。而且当时刚与梅尔·费勒结婚不久，对于一直喜欢家庭生活的奥黛丽来说，每天陪着丈夫、做美食、散步是最快乐的事情，她并不想成为一个女强人，而是一心只想做一个好妻子。

不久，奥黛丽便发现自己怀孕了，这个喜讯对一直喜欢孩子的奥黛丽来说，惊喜程度不亚于当初获得奥斯卡影后奖。人逢喜事精神爽，因为宝宝的来临，奥黛丽的精神状态也越来越好，她全心全意地养胎，想要生下一个属于自己的宝宝来，以弥补儿时父亲弃家而去的遗憾。

你有没有过这样的体验：当你被命运推到最高峰，正享受所有的喜悦和快乐时，命运之神却突然伸手将你推入深渊，让你置身于绝望的境地，而且无处可逃。奥黛丽就有这样的体验。

当她怀孕几个月，一心期盼着与腹内的孩子见面时，却不幸流产了。渴望孩子的奥黛丽再度受到身体与心灵的打击，这个打击把她彻底击倒了。

躺在床上调养的那些日子，奥黛丽常常流泪，流产的阴影困扰着她，让她陷在沮丧和悲痛中无法自拔。

看到女儿悲伤的样子，艾拉夫人心疼不已，只有她知道奥黛丽有多么喜欢孩子。在女儿还是一个小女孩的时候，就非常喜欢小孩子了，还记得有一次，她带着奥黛丽去农贸市场采购，看到一位母亲推着一辆婴儿车，车里坐着一个可爱的小孩子，奥黛丽喜欢得不得了，她哄那个孩子玩儿了一会儿，然后就试图把他抱出婴儿车，但她自己还是一个孩子，怎么会抱小婴儿，结果弄得孩子大哭起来，那场面让艾拉夫人非常尴尬。

艾拉夫人知道，奥黛丽生命中的梦想之一便是拥有自己的孩子。

而今怀孕失败，她的悲伤和痛苦自然不可言喻。艾拉夫人能做的便是不停地劝慰她：你还年轻，将来孩子会有的。但在无法挽救的遗憾面前，任何言辞都显得那么苍白无力。流产，就像是最后一根稻草，压垮了身体和精神才刚恢复的奥黛丽。

003. 复出，是一个妻子对丈夫深厚的爱

就在奥黛丽陷在流产的悲伤中时，《战争与和平》剧组向她发出了邀请。其实，按理说她的身心都很虚弱，还应该再继续休养才是，但她依然接下了《战争与和平》的剧本，这一切都是因为她爱的人——梅尔·费勒。

因为剧组导演提出，如果奥黛丽答应出演娜塔莎，他们就会邀请费勒出演男主角安德烈。那时候费勒的电影事业并没有太大的起色，能在这样一部场面壮观恢弘的电影里出任男主角，是梅尔·费勒做梦都想要的事情。

为了丈夫，奥黛丽答应了《战争与和平》导演金·维多的邀请。还记得在《战争与和平》中，娜塔莎在答应了安德烈的求婚后，想："从现在起，我就是这个陌生的可爱的连我父亲都尊敬的聪明人的妻子了，这可能吗？从今以后，再不能把生活当儿戏了。我是大人了，我对自己的一言一行都要负起责任来。"爱和婚姻就是让自己变得成熟，变得愿意为对方心甘情愿地付出，这也是一个人在婚姻中应该担负的责任。

多年以后，奥黛丽曾经说过这样一句话："对于一个女人来说，成功并不是最重要的。当我怀抱着孩子的时候，我感觉到自己已经拥有了一个妻子所能拥有的全部。但是对一个男人来说，这远远不够。他不能忍受总是被人称作'奥黛丽·赫本的丈夫'。"

奥黛丽为了助力丈夫的事业，不顾自己虚弱的身体出来工作，虽然最后他们这段感情并没有走到尽头，但奥黛丽的的付出却诠释了一个妻子对丈夫深厚的爱。

当所有人都在为奥黛丽复出的消息而奔走相告时，却有一个人忧心忡忡，这个人就是奥黛丽的母亲艾拉夫人。这个世上最爱我们的人，除了父母，再也找不到第三个人。

有人说："父母的爱像是那一片大海，而我们则是那小小的帆，永远也走不出那片海。"无论奥黛丽名气有多么大，但在母亲心里，她只是那个需要自己照顾的小女孩。

当初奥黛丽要和梅尔·费勒恋爱时，艾拉夫人就持反对意见，但强势的母亲却并没有阻止她们，因为她希望女儿快乐。而今女儿身体尚未康复，却又要复出工作，这怎么能不让母亲忧心。这一次艾拉夫人再也无法保持沉默了，她劝女儿多休息一些时日再工作。

与母亲一直相依为命的奥黛丽当然懂母亲的担忧，她想要解除母亲的顾虑，于是说："您不是常说'天上不会掉馅饼。虽然上帝非常慷慨，但他期望你先做好自己应做的事情'嘛，所以我需要去工作。我们都要珍惜生活，不管发生了什么，不管遇见谁都要享受这次经历。我认为，过去的经历让我懂得珍惜现在。我不愿在对将来的忧虑中蹉跎眼前的时光。您不要担心我的身体在接下来的几个月里是否能够承受，我相信自己一定不会有问题的，您也要相信我。"

看着女儿充满自信的脸，母亲把阻拦的话咽了回去，只是轻轻说了一句："你每天吸烟不许超过六支。"杨朔曾经说过一句话："我的信念像南国盛开着的木棉花一样的鲜明、美丽。"我想那一刻，有着坚定信念的奥黛丽在母亲眼里一定也如盛开的木棉花一样美丽吧。

004. 意志坚强的人，能把世界放在手中任意揉捏

虽然奥黛丽对自己充满了信心，但《战争与和平》的拍摄环境极其恶劣，这是她所无法想象的一次艰苦工作。在影片中，人们裹着厚厚的冬衣和皮毛，地上有着厚厚的积雪，一看就知道是发生在冬日里的事情。但实际上，拍这部影片的时候，恰好是意大利的七月份，正

是意大利最炎热的时候。

说起来奥黛丽还真是和罗马的夏季有缘呢，她在罗马拍《罗马假日》时是一个酷热的夏季，而今拍摄《战争与和平》也是在酷热难捱的罗马街头。但在《罗马假日》中，奥黛丽可以穿清爽的夏装，在室内拍摄。而在《战争与和平》中，她却必须穿着天鹅绒和皮毛的厚外套在炙热的阳光下工作，当初拍《罗马假日》的时候觉得已经很艰苦了，谁知比起这次的工作量，简直是小巫见大巫了。

只要看过奥黛丽·赫本版《战争与和平》的人都记得，在电影中，娜塔莎第一次参加舞会那个场面豪华又浪漫。奥黛丽把一个脉脉含情的女孩饰演得活灵活现，她的一举手一投足都显得那么从容，仿佛这些表演都是随手拈来一般轻松。但实际上拍这场舞会用了好多天，而且拍摄并不顺利。

虽然这场舞会是在制片厂内拍内景，但屋里并不比外面街上凉爽，这是因为天气太热，整个市区的电力不足，导致冷气时常罢工。在这酷热的片场里，奥黛丽却要穿着天鹅绒的长裙每天连续工作十个小时，大家都担心身体羸弱的她会被累垮。

面对如此繁重的工作量，奥黛丽自然也是很疲倦的，但她一直保持着从容不迫的状态，十分耐心地拍摄每一个镜头，而且她不但自己保持着好的心态，还经常给别的演员和工作人员打气。奥黛丽的坚强感染了剧组每一个人，大家都积极起来，很快便把这场舞会的戏顺利拍完了。

歌德曾经说过："意志坚强的人能把世界放在手中像泥块一样任意揉捏。"奥黛丽坚信这一点，还记得在拍摄《战争与和平》时，需要表现一场猎兽的场景，奥黛丽身穿皮服外套和天鹅绒长裙，骑在马背上与拍摄队伍头顶罗马炙热的阳光，缓慢前行在一片空地中。就在大家都被晒得昏昏欲坠时，奥黛丽的坐骑忽然昏倒在地。工作人员迅速把她从马鞍上解救下来，他们担心奥黛丽也会晕倒，谁知她却冲他们笑着说"没事"。

工作人员都很惊奇，他们说："你像马一样强壮啊！"奥黛丽俏皮地吐吐舌头，说："其实我比马还要强壮，因为昏倒的是马，而我并没有倒下。"得知此事的维多对奥黛丽大加赞赏，夸她羸弱的身体里却蕴藏着如此的坚强。

奥黛丽面对赞美只是微微地笑，只有她自己清楚，她的坚强来自她的意志，在她疲惫的时候，意志引导着她，指挥她身体的各个部分，从而实现她的预定目标。

四、《甜姐儿》：带着“定见”行走

如果你足够努力，一定能够成功，一切的努力都源自你内心的力量。

——奥黛丽·赫本

001. 定见，是女人一生中必备的法宝

最早看到“定见”这个词，是在沙汀的书中。在他的长篇小说《困兽记》中有这样一句话：“她并不泼辣，实际倒是一个没有定见的柔弱的人。”那时候小，尚不明白这个词的具体含义。

后来看朱自清在《背影》的序中说：“我自己是没有什么定见的，只当时觉着要怎样写，便怎样写了。”便明白了所谓“定见”，其实就是指明确的见解和主张。一个人如果有了定见，他就会在这个纷繁复杂的世界探寻出自己未来的方向。而奥黛丽·赫本显然就是这样一个有定见的人。

奥黛丽从小经历了父亲的遗弃，战争的苦难，但她一直坚持自己的梦想，虽然后来她的芭蕾舞梦没有实现，但如果没有那段学芭蕾舞的经历，她也不可能去参加表演；在歌舞团做大众演员和去做模特兼职时，如果没有明确的目标，那么她就不可能在受到挫折后依然不放弃表演，也就更不可能被柯蕾特和威廉·惠勒发现，也就没有了后来在银幕上熠熠生辉的巨星赫本。

美国人约翰·奈斯比特曾经说过：“一个事件中的无数片段，构成了事实的完整面貌，但片段之间不会主动相互联结。因此，假如我们把这些组成事件的片段放到一起，以一定的方法让它们合理地联结，才能拼接出这个事件未来的走向和面貌。”我们从奥黛丽的经历中可以看出来，把这段话中的“事件”换成“人的一生”也完全说得通。

我们从小到大会经历很多人或事，这些经历乍一看上去各自独立，像是无数个不相干的片段，但如果我们探寻背后的根源，会发现其实这些片段都相互联结，而这些经历联结在一起便是我们的人生。

当我们看一个成功人士时，一般都是先看到他（她）的人生成就，然后再往前看他（她）成功之前的经历，从而可以客观地分析和懂得这个人成功的原因，并在这个过程中有所收获。但无论我们看多少成功人士的传记，当我们要走自己的路时，总会发现原来没有模式可以遵循，唯一可以倚仗的就是我们自己的定见。

只有当我们拥有了明确的见解和主张，才能在这个纷繁复杂的世界中擦亮双眼，探寻出未来的方向，找出适合我们走下去的路。因为未来是萌芽于现实生活这个温床之上的，所以预测未来最好的办法便是立足于现实生活。

说到这里，你一定会说奥黛丽当初可没有预测到自己会成为一名巨星，她最初的梦想甚至都不是做一名演员，也就是说她的成功完全只是一个奇迹，毫无规律可循。如果你真这样想的话，那可就大错特错了。

的确，奥黛丽最初的梦想并不是要做一名演员，而是一名优秀的舞者，但有一点我们必须要承认，无论她的梦想是什么，奥黛丽对于未来“做一个优秀的人”的心态始终没有改变过。

明确的见解和主张包含两层含义，一是心态，二是倾向和习惯。一个人的心态，是他过去倾向和习惯的积累，反过来说，倾向和习惯也可以重新铸造他的心态。奥黛丽从小就被母亲教育做一个正直的、优秀的人，这种耳提面命式教育的长期积累结果，便是让奥黛丽拥有“要做一个优秀的人”的心态观念。因此她才会在战火纷飞中一直坚持芭蕾舞练习，才会在穷困到交不起学费时去打工做兼职，以此换取学费来实现自己做一个优秀舞者的梦想。

后来，梦想破碎的奥黛丽一度消沉沮丧，但她积极对待人生的倾向和习惯已经形成，这种倾向和习惯促使她在不知不觉中重新塑造心态。她努力学习和辛勤工作，不断地充实自己，终于在《罗马假日》

中一炮走红。

002. 坚持初衷，你总会收获快乐

奥黛丽一直奉行的原则就是：不抱怨，即使筋疲力尽也不放弃。她说："索妮娅教导我，如果你足够努力，一定能够成功，一切的努力都源自你内心的力量。"正是因为拥有这种心态，奥黛丽才会在演戏的路上越走越远，最终成为一颗耀眼的明星。

定见是一种坚持，在低落失意的时候，我们要坚守信念，努力冲出人生低谷；在辉煌的时刻，我们要坚守自己的信仰，不会因为风光无限而迷失自己。在这一点上，奥黛丽做得很好。

在成名之后，无论名声多么显赫，奥黛丽都不张扬娇奢，只是坚持做低调的自己，过低调的生活。奥黛丽说："名气不是我为之工作的目的。"因此她虽然名扬天下，但却从来不显摆自己的成功。直到她逝世、数千人参加其葬礼时，她的儿子们才知道母亲的巨大成功和名气。

其实凭着奥黛丽的银幕魅力，她只要肯写，就会一字千金。在肖恩公布的一封著名出版人艾文·拉纳写给母亲的信中写道：

"亲爱的奥黛丽，你在公众中的声望扶摇直上。这一切的成就并不是依赖于媒体合作经纪人的运作，我知道，你没有签任何的媒体合作经纪人，也没有任何协助你处理公共关系的团队。你只是展现出你的进取心、你的职业操守、你的个人魅力，在每一个电影节或者每一次慈善活动中，仅仅只是依靠完美的个人魅力，你就赢得了所有人的掌声。对那些喜爱你、崇拜你的人来说，这是证明你美丽的最佳案例。我希望可以以此来说服你，让你有机会好好考虑一下是否该写一本书，而不是毫不犹豫地拒绝我的建议。爱你和罗比。

你忠诚的艾文·拉纳。"

艾文还估算，如果这本书出版的话，最少可以带来300万美元的版税，真正是一字千金了。

但奥黛丽却拒绝了这个提议。她甚至没有为自己留下只言片语，在《天使在人间》中肖恩提到这一点："母亲从来没有写过自己的故事，也没有出自传的打算，另一个原因是，在她的内心深处，她不愿意将自己的私生活暴露在其他人面前。她是如此的低调、不愿意出风头，因此她会把那些辉煌的时刻都忽略掉，让自己的生活看起来如此的平淡无奇、如此的显而易见、如此的无足轻重。她会不由自主地跳过那些在别人眼中非常精彩的情节。"

而奥黛丽这份定见让她家人的生活几乎没有遭受到名气所带来的负累，因此她的孩子们拥有了一个快乐的童年。而奥黛丽低调的定见也正被越来越多的明星们模仿和学习，在家庭和孩子的问题上，他们显得低调，尽量给孩子们一份正常的生活。

一个拥有定见的人，是一个坚持自己主张的人，也是一个收获快乐的人，奥黛丽便是如此。前面我们已经说过，在拍摄《战争与和平》时，奥黛丽的身体状况就不好，加之这部影片工作强度相当大，拍完这部电影，奥黛丽就已经累得筋疲力尽。

她的身体健康严重透支，短时期内根本不适合工作。但奥黛丽却并没有听家人和朋友的劝阻停止工作，而是接下了《甜姐儿》这部歌舞剧。

之所以接这部歌舞剧，是因为奥黛丽深深知道自己能在这部剧中获得巨大的快乐。早在学芭蕾舞的少女时代，奥黛丽就梦想着能与当时著名的舞蹈家弗雷德·阿斯泰尔共舞一曲。后来得知自己不可能在舞蹈上有所建树，她便把这个梦想深深地藏了起来，一起收藏起来的还有她在舞蹈中所能得到的快乐。而今忽然有了与阿斯泰尔同台共舞的机会，于是她坚持自己的主张，接下来这部歌舞剧。

由于很久都没有跳舞了，也从来没有学习过唱歌，所以剧中的歌曲和舞蹈动作对于奥黛丽来说是一个挑战。为了演好这个角色，奥黛丽每天都工作16个小时以上。当老板说让她休假时，她却没有接受，而是继续努力地学习着。她的勤奋努力是她预测自己未来的自信所在。她坚信，只要自己付出，就一定能够收获。

剧中有书店店员乔在灯光昏暗的酒吧里像猫一样伸展着腰肢跳舞的场面，通过镜头我们可以看出来，当饰演乔的奥黛丽畅快淋漓地跳跃着时，酒吧中的每一个人都充满了快乐。而事实上，最快乐的人当属跳舞的奥黛丽，因为她圆了自己的舞蹈梦。

她的儿子肖恩最懂得母亲的心思，因此在他写给母亲的传记《天使在人间》中说道："母亲去世以来，我在许多采访中常常被问到，我最喜欢她的哪一部电影。我真的不能回答这个问题。因为，如果认为我能够充分客观地挑出我的最爱，就太可笑了。但是，我一直尝试着给一个答案，说出那些我知道她曾经为之付出了个人情感的电影。电影《甜姐儿》就是其中一部。这部电影实现了她与弗雷德跳舞的梦想。毕竟那些年来，又一次能够与她最初的挚爱——舞蹈相连，想必是一桩多么快乐的事情啊。"

奥黛丽无论多么成功、多么忙碌，都始终没有忘记自己的初衷，因此才会在遇到这个机会时一把抓住它，从而收获到很多快乐。但往往有很多人在人生路上走着走着就忘记了自己最初的目的，就像刘德华的那首《无间道》中那句歌词一样："我们都在不断赶路，忘记了出路。"

现代有很多人以为，生活的全部便是追求荣誉和财富，为了获得这些，他们不停地奔波，因此生活异常繁忙，有时候甚至会忙到忘记最初忙碌的初衷，只有那些坚持的人，才能收获与成长起来。

003. 穿白袜子，还是穿黑袜子，这是个问题

不过，定见也不是一味的坚持不变。如果发现自己的坚持是错误的，那么及时修正就是最好的定见。

在《甜姐儿》中，书店店员乔本来是一个迷恋和崇尚哲学的知性女孩，她厌恶时尚界的人，觉得她们肤浅。但当她去到巴黎，发现自

己一直崇拜的哲学家其实也只不过是一个没有脱离低级趣味的普通男人时，她知道自己的坚持是错误的。乔没有再错下去，而是做了及时的修正，最终不但工作圆满完成，更收获了一个爱自己的恋人。

奥黛丽不只在戏中是一个懂得修改定见的人，其实在生活和工作中，她也深深懂得及时修正自己的言行和举止。

在拍摄《甜姐儿》的过程中，有一次，导演斯坦利·多南要求奥黛丽穿上黑色紧身裤、黑色上衣和黑鞋，但却要她穿白色袜子。多南觉得这本不是问题，但奥黛丽一直对自己的大号脚极不满意，由于担心穿白色袜会显得她的大脚更大，所以开口反对了他，她坚决地说："穿白色袜会破坏整个黑色线条，我的脚看起来会不连贯。"

多南也寸步不让，他说："如果不穿白色袜的话，整个人会被背景溶掉，你的动作会看不出来的。"奥黛丽听了多南的话，没有再出声反对，而是大哭着跑进了衣帽间。

奥黛丽一向温和，突然出现这么激烈的反应，一时间大家都呆住了，大家纷纷估计这场戏怕是要等到下一次再拍了。谁知大家没有猜到的是，奥黛丽并没有因为自己的错误而罢工，她恢复平静后，便换上白袜继续拍戏。后来，影片播出后，奥黛丽仔细看过那一段后，向导演多南递上致谢字条，说他的坚持是对的，并感谢他对自己工作的支持和包容。

《圣经》有这样一句话："心怀二意的人，在他一切所行的路上都没有定见。"是学习奥黛丽做一个坚持的人，还是做一个心怀二意的人，你自己选择。

五、《黄昏之恋》——我的信仰是一只鸟

我没有任何宗教信仰，我只信仰人道主义。人道主义是一种以人为本、以人为中心的世界观，内涵具体化为“自由”“平等”“博爱”。也就是说，信仰人道主义精神就是信仰爱。

——奥黛丽·赫本

001．信仰，以爱之名

奥黛丽一生中拍了二十七部影片，关于这些影片的评论更是多如牛毛，其中不乏精品，但有一篇关于《黄昏之恋》的评论却深深打动我心。这篇评论如此写道：“她偶尔才会想起那年的十九岁，那一天坐在音乐教室里的她来回摆动着琴弦杆，提琴伴随着夏日炎热的午后拉扯出丝丝懒散的曲调。透过被风吹开的白色窗帘，可以瞥见广场边那些互相拥吻的恋人。爱情真是美妙的东西，就像昨晚她喝的气泡香槟一样的醉人。那个曾俯身邀请自己跳舞的男人有着一张令她无法拒绝的面容，在乐队悠扬的演奏中，她随着他轻柔地小步旋转，心也就慢慢融化在他那迷人的微笑间。那一刻年龄、身份、地位、距离似乎化作了虚无，她褪下少女的青涩幻化成一朵在月下徐徐盛开的芙蓉，他也从名利场的分花拂柳间抽身而出，只为清丽可人的她驻足停留。轻掂脚尖的她仰起脸迎接十九年人生里的第一个亲吻。”

这篇评论描写的是《黄昏之恋》中的大提琴女学生艾莉对爱情的向往和回味。奥黛丽饰演的艾莉是一个私人侦探的女儿，她翻阅了父亲受托侦探的婚外情档案，众多的爱情案例让艾莉对爱有着无限憧憬和感慨。艾莉本就是信仰爱的女孩，当她发现有人要遭到暗杀时，她

不顾危险去通报暗杀对象法兰肯，使他免于被枪杀的局面。当她发现自己喜欢上法兰肯时，对爱的执着让她义无反顾地答应了法兰肯的约会，并不惜毁掉自己的名誉来制造能与他匹配的假象。

其实，奥黛丽不只是在电影角色里信仰爱，在现实生活中，她一直把爱当成一种信仰。

信仰，是一个人生活的风向标，更是一个人赖以生存的支柱。人生最重要的是要有信仰，继而才有精神支柱，因为信仰是以人的精神境界抵达到某种高度为准则。信仰是一种文化，是世界上每一代人都孜孜不倦地追求的东西。

时至今日，信仰已经延伸出很多种类别：各种宗教，譬如佛教、天主教、基督教、伊斯兰教；各种主义，神论主义、无神论主义；各种主张，自由、权力、爱……等等。但无论是哪一种信仰文化，只要你有了信仰，你的灵魂便有了标注。

奥黛丽没有任何宗教信仰，她只信仰人道主义。人道主义是起源于欧洲文艺复兴时期的一种思想体系，提倡关怀人、爱护人、尊重人，是一种以人为本、以人为中心的世界观。法国资产阶级革命时期又把人道主义的内涵具体化为“自由”“平等”“博爱”。也就是说，信仰人道主义精神就是信仰爱。

在《天使在人间》中，肖恩曾说：“母亲终其一生都非常虔诚她对爱的信仰，信仰自然力量的奇迹，信仰生命中的美好。息影之后她成为联合国儿童基金会的亲善大使，这项工作让她能够将自己的信仰贯彻到自己的工作中去。”

众所周知，奥黛丽年幼时与死亡擦肩而过，虽然她自己并没有留下这段曾濒临死亡的任何记忆，但是来自她母亲艾拉夫人的诉说让奥黛丽记住了这段经历，这段经历让她对生死和苦难都看得比较透彻。

她后来对儿子们说：“生活日复一日，慢慢地会给我们带上脚镣，让我们变得蹑手蹑脚，可是‘死过一次’的经历却可以帮助我们挣脱这样的桎梏，让我们明白，什么值得我们去为之付出，什么却不值得。”这也是奥黛丽一生都保持慈悲为怀、谦逊待人的根源。

信仰，是一种让人安身立命的东西。在影片中，艾莉与父亲相依为命，父亲有一句台词是：“如果我是个珠宝商，我会用钻石缀满你的全身；如果我是个鞋匠，我会让你每天都穿着我亲手做的新鞋；可是我只是个窥人隐私的侦探，所以我只能为你做这点事。”父亲对女儿的慈爱自然流露，让人闻之动容。

虽然没有信仰，但父亲的爱是艾莉安身立命的根本。在影片中，奥黛丽拥有浓浓的父爱，但生活中却恰好相反。奥黛丽从小就缺失父爱，对父爱的渴望导致她每次看到其他人依偎在父亲的怀抱中就会感到一种空虚的悲痛，她是多么希望父亲能够出现，这样她就可以和其他孩子一样享受到父爱的温暖，但是父亲一直没有出现。

母亲虽然爱她，但管教极为严厉，近乎古板，当她遇到问题时，母亲很少鼓励和安慰她，而是拒她于千里之外，因此年幼的奥黛丽感受不到母亲的爱，这样的结果便是在整个成长时期，奥黛丽一直处于爱的饥渴状态。

不过，奥黛丽虽然感受不到父母的爱，她却得到了另一种大爱。在“二战”时期，奥黛丽和她的乡亲们都处于饥寒交迫之中，随时都有可能被疾病和饥饿夺去性命，幸亏战争结束了，联合国儿童基金会和红十字会进驻阿纳姆市，给居民们提供了药品和食物，正是这种大爱让奥黛丽和她的小伙伴们得以活下来。奥黛丽始终相信是联合国儿童基金会传播的大爱创造了奇迹，她说：“我一生都将铭记联合国儿童基金会对我的帮助。”

有人说，信仰的精髓源自于对一种超验的爱的领会，正因为童年时期这些特殊的经历，所以奥黛丽懂得爱对人的心灵世界的重要性无可取代，因此她把爱作为信仰，从此奥黛丽在爱中安身立命。

002. 因为爱，所以愿意付出

艾莉以爱为信仰，最终俘获了法兰肯的心，她赢得了自己的爱情。奥黛丽亦是如此。她与比她大十二岁的梅尔·费勒相恋时，母亲艾拉夫人并不看好梅尔，在母亲的反对声中，奥黛丽与梅尔·费勒走进了婚姻的殿堂，为了这段爱，她做出“只拍有梅尔·费勒参演的影片”的决定。

在她与安德烈·多蒂相识后，奥黛丽再次不顾年龄的差距与多蒂结婚，为了这段爱，奥黛丽息影了七年，她说：“我又在爱中，又幸福了。我已嫁给了一个我爱的人，愿意按他的日程表生活了。为什么还要重新去工作？去过那种我不想过的生活呢？”

正是以爱为信仰，奥黛丽才能收获自己的婚姻。在婚姻中，她处处把爱人放在自己生活最重要的位置上，即使为他们牺牲很多，她依然甘之如饴。她始终坚信，真正信仰上的爱，就是付出，付出就是幸福。

在《黄昏之恋》中，艾莉和法兰肯两个人结婚后在纽约过着幸福的生活，直到终老。但这只是戏剧，生活远远比戏剧要复杂残酷得多。奥黛丽以爱为信仰收获了爱情，却没能将两段婚姻维持下去，但这并没有让奥黛丽失去对爱的信仰，因为她付出了，而这是爱的真谛。

无论是对恋人，还是亲人或朋友，只要你爱他们，那么只需要两个字——付出。奥黛丽说：“不管你的丈夫如何对待你，无论孩子给你带来多大的麻烦和苦恼，不论你的父母曾让你多么伤心，都无关紧要，因为你爱他们。”

因为爱，所以愿意付出。只可惜时至今日，依然有很多人不明白这一点，他们得到爱，又失去爱，他们明白为什么会得到爱，却不明白自己为什么会失去爱。其实原因很简单：就是在爱中，他们把需要和索取看得比付出要重得多。

信仰是一种实践，与人的一生不可分割。有信仰的人，当别人迷惘时，他是清醒的；当别人疑惑时，他是坚定的。

奥黛丽因为以爱为信仰，所以即使经受梦想的破碎、流产的痛苦、丈夫的背叛等一系列人生的大打击，她都能顺利渡过，并一次次从人生的谷底攀上高峰，并光芒万丈，所以说信仰是一种强大的力量，虽然无形，却足以震颤世界。谁拥有这股力量，谁便有可能创造出奇迹来。

没有信仰的人仿佛置身于黑暗中，满心满眼都是山穷水尽的绝望，根本看不到柳暗花明的曙光。

这些年听到或看到太多令人失望和沮丧的新闻，看到那些人因为绝望而性格扭曲变得荒诞。我们悲哀地发现，前人把信仰砸碎扔掉了，只留给我们一个没有信仰、精神无处寄托、很糟糕的世界。

在这个世界里，人们没有信仰，道德败坏，为了自己的私欲相互争夺，相互毁灭。人与人之间没有尊重和理解，更没有宽容和慈悲，整个社会充斥着一股暴戾之气，每个人都在恐惧和贪婪中奔走着。一个没有信仰的民族，是一个暴力横行的民族；而一个没有信仰的人，则会浑噩痛苦一生。

003. 我的信仰是一只鸟

著名文学家高尔基曾经说过：“您不能失去信仰，不能因为怀疑而毁灭那伟大的爱。”而奥黛丽的信仰，就是爱。她爱所有的人，无论这些人与她关系是否轻松自在，她总是能够用发自内心的爱去与他们相处。这一点，在《黄昏之恋》的拍摄过程中，有极致的体现。

在《黄昏之恋》中，艾莉和法兰肯相亲相爱，让观众对这对恋人的爱情深深着迷。而事实上，在拍摄这部影片时，奥黛丽与饰演法兰肯的演员加里·库珀并无深交。

不过，当初奥黛丽答应怀尔德导演饰演艾莉一角，却是因为加里·库珀。这是因为库珀的名气实在是太大了。在那个时代，每一个女演员都以能和加里·库珀共事为荣，奥黛丽虽然此时已经功成名就，但在她心里，库珀依然是她的偶像。

说到这里，我想起前段时间湖南电视台的著名主持人吴昕听歌掉泪的事情。身为一个拥有近2000万粉丝的吴昕，自然算得上是一个名人，但她在张信哲的演唱会上，却露出虔诚的神情，听到动情处，情不自禁地泪流满面。这便是偶像的效应。

能够理解吴昕对张信哲的崇拜和敬仰，便也就能够理解奥黛丽对库珀的崇拜和敬仰了。怀尔德理解这种情愫，因此在邀请奥黛丽参演《黄昏之恋》时，便是用加里·库珀为男主角这点来说服了奥黛丽。

虽然奥黛丽崇拜库珀，而且在影片里他们看起来也很亲密，让人以为他们在拍摄过程中也一定相处融洽。但这是个错觉。事实上，在拍摄过程中，他们的相处很是尴尬。究其原因，除了奥黛丽一直视有英雄形象的库珀为偶像导致不敢太过随意之外，还因为他们之间的年龄差距。

加里·库珀于1901年出生，比奥黛丽大28岁，早在奥黛丽还未出生的时候，他就已经开始拍摄影片，并且是两次奥斯卡最佳男主角奖得主。与奥黛丽的合作，已经是他的第99部作品，他有足够丰富的经验。

无论是阅历，还是工作经验，库珀都比奥黛丽要多很多。按理说，以奥黛丽的谦逊好学，她应该会有很多话题向库珀探讨求教，而不至于冷场。但库珀并不像派克那样善于和奥黛丽相处，显然，他不喜欢在拍摄过程中讨论工作，因此，每次闲暇之时，他都和怀尔德讨论美食和美酒，还有艺术。

而这些话题是需要有足够多的人生阅历才能深入探讨的，因此当库珀与怀尔德兴致勃勃讨论的时候，奥黛丽根本插不上话，只能做一个沉默的听众。由此可见，在拍摄《黄昏之恋》时，奥黛丽和男主角，和导演，都没有轻松自在的关系。可想而知，整个过程奥黛丽有多么煎熬和尴尬。

但奥黛丽却并没有因此而有丝毫抱怨，她自始至终都以谦恭的态度与大家共处。影片结束后的宣传活动上，奥黛丽没有对拍摄过程中这些尴尬说一个字，而是极力赞美库珀和怀尔德的才华。

之所以能够这样，就是因为奥黛丽心中有爱的信仰。她深信爱，是一切关系和谐相处的源泉。无论他们的个性有多么不同，在相处中有多么尴尬和别扭，这些尴尬和别扭都会因为爱而消融。

奥黛丽有信仰，她说："我的信仰是一只鸟，它感受光明，在天未破晓时便歌唱。"而那只鸟的名字就叫"爱"。

六、《修女传》——接受，因此改变人生

在很多方面，我都像路加修女！但我对路加在剧终时说自己是“失败者”有些困扰。我觉得，聪明如她，虽然当修女有些失败，但恢复自由之身却能让她的希望和信仰获得重生，因此她能有更多奉献。

——奥黛丽·赫本

001. 耶稣不会因为你离开修道院就放弃你

在奥黛丽主演的众多影片中，有两部不能错过，一部是《罗马假日》，另一部是《修女传》。如果说，《罗马假日》成就了奥黛丽演艺事业上的不朽，那么《修女传》则让她对人为什么活着这个话题有了更深刻的认识，也因此而永远改变了奥黛丽的人生。

之所以这样说，是因为在接触这个剧本之前，奥黛丽对人生的本质和意义并没有深入地思考过。她只是按照命运给她的方向被动地往前走：工作，恋爱，结婚，工作，生子，工作。这样无限地循环下去。

她也有信仰，只不过她的信仰就是凭着天性和儿时的经历喜欢大自然，爱一切生灵，痛恨战争。但她在坚持自己的信仰时，一直

抱着顺其自然的态度，从未深入思考应该怎样去做，会有什么改变。

她是在拍摄《修女传》的过程中，从路加修女身上学会内视自己的心，学会辩证看待内心的挣扎，并修正自己的人生观点。

与其他影片里虚构的女主角不同，《修女传》中的女主角路加是一个真实存在的人物，她便是著名的修女玛丽·路易丝·海贝茨。海贝茨从 1927 年开始，便在比利时的耶稣玛丽慈爱修女会当修女，一直到 1944 年离开那里，她做了整整 17 年的修女，这 17 年里，海贝茨修女都在练习成为一个严格恪守修道院清规戒律，为信仰献身的修行者。

只是后来“二战”开始，海贝茨修女的父亲被杀害，海贝茨为了完成父亲的“为大众服务献爱心”的心愿，走进战争照顾受伤的伤病员，但她秉持的是众生一律平等的信念，因此她也会照顾受伤的纳粹，而这种敌我一视同仁的做法显然与当时的社会环境相矛盾。经过一番良心上的挣扎后，海贝茨修女毅然选择离开修道院，遵循自己的内心，走进难民营为那些流离失所的伤病者服务。

看了《修女传》的小说，奥黛丽的内心引起一次前所未有的撼动。两个人都在比利时出生，同样经历战乱，同样很小就失去父亲，同样兄弟成为战俘。海贝茨修女与她同样的经历，引起奥黛丽的强烈共鸣。

而海贝茨内心对于个人的自我价值体现，以及面对敌我伤病员时的良心挣扎，又唤起了奥黛丽对自己内心的审视。

在此之前，奥黛丽也有关注自己的内心修养，和海贝茨进入修道院时的情况一样，奥黛丽的内心只想工作好，给家人一个稳定舒适的生活环境，能够照顾好家人就足够了。至于博爱的念头，还未在此时的奥黛丽的思想里诞生。她对陌生人的尊敬，也只是出于自身的教养和对爱的信仰罢了，属于潜意识的东西。

当有人和海贝茨修女说离开修道院就等于结束修行时，海贝茨的回答出乎奥黛丽的意料，她说：“耶稣不会因为你离开修道院就放弃你。”

奥黛丽并不是基督教的信徒，所以耶稣不是她的信仰。但爱是。她由这句话反省到自己身上，便得出“爱不会因为你去爱大众而变得少起来”这样的思想。也就是从这一刻开始，博爱的种子在奥黛丽的心里播种根植。

002. 接受现实，因此改变人生

当博爱的种子撒播在心田后，奥黛丽开始思索起“人究竟为什么活着”这样的哲学问题来。

从她获得奥斯卡金奖那一刻起，世人就以好莱坞的光芒将奥黛丽定论下来：她就是好莱坞大放光彩的明星。

这个定论，一度曾经困扰着奥黛丽。每次她出行的时候，总有大量粉丝围观她，大量媒体偷拍她。还记得有一次她为了躲避媒体和粉丝们，躲到瑞士去，但却因记错宾馆而被记者们围在中间无法脱身，那一次，她的情绪彻底崩溃。这样的事情还有很多次，可以说，奥黛丽受尽了好莱坞光彩的困扰。

很多人对这种说法不以为然，因为每个做演员的人，都梦想着能笼罩上好莱坞的光环。一旦被好莱坞光彩加身，那便是此生最大的荣光。但奥黛丽却并不是这些人中的一员。她的内心深处始终觉得，自己除了是好莱坞的著名影星，还是一个独特的自己。也就是说，自己绝对不只是为了拍摄几部名扬天下的影片而活的。

但这一点要说出去只怕是没有人能够理解，身边所有的人都在为她接好片子，拍好片子而努力，他们怎么能理解这种想法。奥黛丽虽然一直在试图寻找与她心灵契合的人，却一直都找不到，因此常常感到孤独。不过，当她从《修女传》里得知海贝茨修女的思想，她便惊喜地发现自己与海贝茨修女有极为惊人的相似之处。

虽然修道院和世人都认为做了 17 年修女的海贝茨，所有的言行都应该恪守传统宗教信仰的规矩。但海贝茨修女却坚定地认为，传统的宗教信仰并不能界定她本身，她除了是一个忠诚的修女，还是一个战地护士。

海贝茨的思想让奥黛丽得到启示，她决定不再寻求外界的理解，她接受不被人理解的现实，从自身开始改变。

正是有了这个念头，奥黛丽便第一次提出，要参与《修女传》的整个制作过程。从去非洲刚果搜集资料，到去修道院了解修女日常生活的点点滴滴，以及学习修女的穿着、礼仪和言行等等。

她这样做，除了想要改变一直以来都是被安排好的工作模式之外，还想要走进海贝茨修女的日常生活场景，去体验海贝茨修女所体验到的一切人生经验，她的精神世界需要这些。

奥黛丽的付出很快就有了回报。她走近玛丽·露易丝·海贝茨和作者凯瑟琳·休姆，后者喜欢人称她为“凯特”。而海贝茨和凯特则自然而然地走进了奥黛丽的心，三个人成为了一生都非常要好的朋友。这便是奥黛丽生命中著名的“三H俱乐部”组合。

三个人成为好朋友，各自都有收益。海贝茨和凯特的收益，就是奥黛丽将她们的故事真实再现，让世人看到一个为了大众之爱而放弃宗教的修行人，也让人明白奉献的真正含义，是没有国界和宗教限制的。

而对于奥黛丽来说，收益就更大。她的收益就是“人为什么而活？是奉献，还是独善其身？”这个问题的答案。而这个答案最终改变了她的人生。

003. 奉献，让希望和信仰获得重生

人为什么而活？是独善其身，还是奉献？奥黛丽带着这样的问题去饰演路加修女。

在《修女传》里，从一开始，这个问题便被作者提了出来。

当少女嘉比脱下漂亮的衣裙，换上白色单一的修女袍并改名为路加修女时，她以为自己已经找到了答案：献身宗教，为了上帝而活。

为了这个意义，嘉比在修道院里接受最严厉又最琐碎的戒律。嘉比是虔诚的，无论她受到怎样不合理的惩罚，经历怎样严苛的训练，她都选择心悦诚服地接受。支持她这样毫无怨言承受一切的是她对信仰的完美追求，也是她对人生意义的最深理解。

这时的修女，是一个独善其身的出世者。她只要坚守自己的信仰，做好自己就可以了。而这时的修女和当时的奥黛丽对人生意义的理解恰好一样。在奥黛丽心里，只要做好自己的工作，爱家人，照顾好他们就可以了。这就是生命的全部意义。

但很快，奥黛丽便和修女一起受到内心的质问。

修女通过医学考试后，前往非洲刚果支援当地的医疗。她加入到治疗和照顾伤病员的行列中。但此时，修女受到宗教的束缚并引起内心的困惑和挣扎。她把这种困惑告诉了修道院长，

她说："当我听到祷告钟声的时候，我不知道是该放下一切赶去做晚祷，还是该继续跟我的病人做很重要的交流。而如果我在大静默期间说话，就严重触犯了教规；但如果我不跟病人交流，只是沉默着跟他们相处——我想这并不是慈爱及宽容的表现。"

此时，在修女内心里，关于奉献和信仰之间产生了不可调和的矛盾。她不知道自己是该遵循于内心去继续奉献，还是该遵循宗教教条忠诚于信仰？

修女的良心在挣扎，而饰演修女的奥黛丽的良心也在承受同样的挣扎。她不知道是应该奉献，还是应该独善其身，做好自己就可以？

可以说，《修女传》中，修女的成长蜕变过程，也是奥黛丽的思想成长蜕变的过程。

当接到消息，得知她的医生父亲在路边照顾病患时被纳粹士兵杀害时，嘉比崩溃了。她在修道院一声又一声呐喊"爸爸，爸爸，爸爸"。这些呐喊痛苦又绝望，这成为修女选择离开修道院的最直接原因。

而奥黛丽在拍摄这一段镜头时，所呈现出来的痛苦，不再只是修女本身的绝望，还有奥黛丽心底那根最深的刺：父亲罗斯顿的离开，成为她心中最难以痊愈的伤口，随时都会迸裂开来，让她痛上一番。

父亲的离弃，让奥黛丽一直没有安全感。她总觉得自己的人生不可能有更多的力量去奉献。这也是她一直不愿意去思考这个问题的原因。

而饰演修女这一个角色，让她不由自主地去思考这个问题，面对

这个问题。

修女在痛苦挣扎后做出选择，她最终选择离开修道院同修们的关怀，脱下修女袍，走出去，为大众服务，为爱奉献。因为她信奉“施比受更能让内心从容和幸福”。

奥黛丽从修女这一点有所感触，她发现，修女的这些挣扎，也正是自己内心会遇到的问题，会面临的矛盾和挣扎。而修女的问题得到解决，她的内心世界也便得到了更深一层的平静。

也是从那一年开始，奥黛丽内心升起一种“奉献的渴望”。她写信告诉海贝茨修女和作者凯特：“现在的赫本和《修女传》开拍前的那个赫本，已经完全不同了。是路加修女的经历让我收获丰硕，是路加修女的心路蜕变使我脱胎换骨。我在探索路加修女的心灵和想法的过程中，也在探索我自己的灵魂。现在，我所探索到的这一切已经在我心灵的沃土中播下种子，在将来每一天，我都会收获一个全新的奥黛丽。这个奥黛丽是美好的，是喜悦的，也是平静的。”

奥黛丽从海贝茨修女身上得到的收获就是：奉献。只有奉献，才能让希望和信仰得到重生，才能让生命更加充实。

后来，奥黛丽在结束演艺事业后，接受了联合国儿童基金会的邀请，做了亲善大使，并在晚年时期多次进入非洲开展慈善和救助活动。她之所以这样做，全都是因为她在饰演路加修女时在心里播下的那颗名叫“奉献”的种子。

而这颗种子在多年后长成一棵繁茂的大树，让奥黛丽的后半生变得非常充实和有意义。

第四辑　解密个性

—— 一个多面体幽默大师

我依然希望她有更多奉献，让她的希望和信仰获得重生。

——奥黛丽·赫本

人是从挫折当中去奋进，从怀念中向往未来，从疾病当中恢复健康，从无知当中变得文明，从极度苦恼当中勇敢救赎，不停地自我救赎，并尽可能地帮助他人。人之优势所在，是必须充满精力、自我悔改、自我反省、自我成长；并非一味地向人抱怨。

——赫本密码

一、《恩怨情天》
——爱可以疗伤，悲伤只是点缀

爱可以疗伤，生命变得更美好。

——奥黛丽·赫本

001.用积极的心态，战胜一个孤女的悲伤

有人说，人一出生就哭，是因为他知道人生在世是会历经悲伤的。轻风吹过暮春的枝头，那败落一地的残花是悲伤；弯月映照清秋的深院，那寂寂的梧桐是悲伤；东篱把酒，西风卷帘，瘦比黄花是悲伤；举杯消愁，酒入愁肠亦是悲伤；双溪蚱蜢舟是悲伤；晚来雁过也是悲伤；除却巫山不是云是悲伤；明月夜短松冈也是悲伤……

生离死别、世态炎凉，无论哪一种，都会让我们的心情变得伤心悲苦。悲伤在我们的生命中无处不在，每个人都会被悲伤这种情绪困扰。

人的情绪按感受分几百种：悲痛、恐惧、惊奇、接受、狂喜、狂怒、警惕、憎恨……情绪按好坏只分两种：积极和消极。情绪不能太激烈太恣意，否则便会乐极生悲或是遗恨千古。无论是哪一种情绪，都需要治理，相比起来，消极情绪比积极情绪的危害要大很多。而悲伤是一种消极情绪，更需要治理。

悲伤如水，治理悲伤犹如治水。夏鲧治水，围堰堵缺，水灾四起，九载无功；大禹治水，凿山开渠，疏通壅塞，天下安康。愚蠢之人对待悲伤如夏鲧堵水，费尽心机依然洪水滔天；聪明之人对待悲伤如大禹疏水，优雅从容而水患不再。

奥黛丽一直留给世人的都是她的坚强和优雅，每个与她接触的人，都会被她的乐观所感染。但奥黛丽的一生却经历过许多不幸，只不过

她总是带着笑，从来不在人面前露出自己的悲伤，聪明的奥黛丽如大禹治水一般对待自己的悲伤，从不让这种消极情绪攻城掠镇，最终占领自己的大脑指挥中心。

在奥黛丽主演的电影中，最悲苦的人物莫过于《恩怨情天》里面的蕊秋。虽然这部影片从一播放就被世人嫌弃和指责，就连影片的导演休斯顿都不喜欢这部影片，他说：“最糟的是我拍出来的这部影片，有一天晚上，我在电视上看到这部影片，大约十分钟就把它关掉了，我实在看不下去，因为全片夸大不实，我是真正不喜欢。”由此可见这部影片有多么糟糕，但这并不影响奥黛丽在表演上面的发挥。

只要仔细看过这部影片就可以发现，她把一个身上凝聚着民族仇恨的孤女的悲伤和痛苦表演得十分到位，因此影片在一片哗然声中，《综艺》杂志给出的评论却是：“奥黛丽·赫本小姐把一个被异族家庭收养的孤女演得闪光。”

奥黛丽之所以能把这个悲伤的角色演好，是因为她对悲伤的体会比一般人要深得多。因为早在童年时期，奥黛丽便已经懂得悲伤的滋味。

儿时，父亲的遗弃让奥黛丽心中充满了悲伤，那时候小，不知怎么遣散悲伤，只能任它在心中越积越多，最终转化成怨恨。她在思念中一遍遍地抱怨父亲，抱怨他的不辞而别，抱怨他不尽父亲的职责，抱怨到最后，她甚至用小孩子看来最恶毒的词语攻击他。

后来，奥黛丽长大了，她懂得了悲伤和怨恨并不能为她换回父爱，于是她学会了宽容。多年以后，当她的父亲年事已高，风光不再时，她并没有以怨还怨，而是履行起自己身为子女应该履行的赡养义务。

虽然父亲在奥黛丽小的时候没有给她爱和照顾，在她上学的时候也没有给她抚养费和学费，但奥黛丽有自己的原则，那就是：“无论你曾经被伤害到什么程度，你都要做到自己应该做到的。这是一个人生之为人的根本原则。”以这样的信条为人生准则，所以在她父亲生命的最后阶段，奥黛丽没有不闻不问，而是寄给了他一大笔钱，供他生活所用。

父亲虽然不来看她，但他一直平安地活着，这样就会给人一种他总会来的假象。虽然最后他依然没有来，但在当时看来这个假象代表着希望，所以父爱缺失虽然悲伤，但却不至于绝望，相比之下，战争中奥黛丽承受的悲伤和痛苦更加深重。

“二战”打响之后，艾拉夫人出于安全考虑，带着奥黛丽从英国回到荷兰的阿纳姆城。后来纳粹进驻阿纳姆城，艾拉夫人家族的财产被洗劫一空，奥黛丽在饥寒交迫中度日，常常因为没有食物而不得不在床上躺着不动，以此来抵御饥饿的侵袭。

如果只是饥饿倒也罢了，最让人悲伤和痛苦的是纳粹党的恐怖暴行，他们杀戮成性，奥黛丽经常看到有人因为不顺从而被纳粹枪杀，在纳粹党的阴影笼罩下，死亡无处不在。终于有一天杀戮降临到奥黛丽的亲人身上。在 1942 年的一天，奥黛丽的舅舅们因为支持反抗军被纳粹党抓了起来，没过多久就被处决了，她的两个哥哥也被抓进了纳粹党的劳动营，生死未卜。亲人的生离死别让奥黛丽既感恐怖，又悲伤。

身在和平年代的我们，无法去想象和感受当年奥黛丽在战火纷飞中所要承受的悲苦，但她有一句关于回忆这段历史的话却能让我们窥见一斑，她说：“如果早知道战争会持续这么多年，我们只怕早就因为无法承受悲伤和恐怖而自杀了。”

不过，即使是如此的悲伤，奥黛丽都没有消沉和沮丧，而是选择积极面对。为帮助反抗军筹集资金，她顶着被抓捕的危险去表演募捐；为了能把消息顺利送到反抗军手里，她装出若无其事的样子大摇大摆从德军面前走过……

这样的事情无论哪一件败露了，她的性命都将不保，那时候她才十多岁，还只是一个孩子，心里自然也会充满悲伤和恐惧，但奥黛丽用积极勇敢的心态战胜了它们。

002. 困境只是一条隧道，尽头总会有光明

悲伤在我们的生命中无处不在，无论你是身处逆境还是坦途，无论你是年幼还是年长。因为我们的生命并不是一帆风顺，我们的人生

总是充满了沟沟壑壑。状况不断，悲伤便会如影随形。

战争中的恐怖和悲伤随着战争结束而远去，父爱缺失的悲伤随着年岁的增长而消散。这时，奥黛丽也凭借在《罗马假日》里的表演一炮走红，成为光芒万丈的巨星。眼看着她的人生走入坦途，应该处处

《恩怨情天》剧照

充满幸福和快乐。我们看到的奥黛丽也的确如此，她总是微笑着与每一个人都友好相处，与她在一起工作的人都夸她开朗美好。但事实上，在她辉煌的人生中，一直有悲伤作伴。

她与梅尔·费勒的婚姻，以志同道合开始，她以丈夫为主选择片

约维持，却最终以梅尔·费勒的出轨结束。她在第二次婚姻中也是以息影七年开始，最终却因丈夫的花心而结束。这两段婚姻的失败带给奥黛丽无穷的痛苦和失望，悲伤的她对格里高利·派克说：“我一直尝试，极力想保住我们的婚姻，但太难、太难了。干我们这一行，常常要表演热烈、爱抚，有时就不免假戏真做。在这个圈子里，婚姻真难维持啊！请你相信，我是把婚姻、家庭生活放在第一位而把事业放在第二位的。”

洒脱清透要强如她，在父爱缺失和战争苦难中没有向人诉说过一个“苦”字，但婚姻的失败和家庭的破碎让她再也无法承受巨大的悲伤，如果不找一个人诉说，她会被这份痛苦压崩溃的。

不过奥黛丽终究是那个让人顶礼膜拜的奥黛丽，她很快从家庭破裂的悲伤中走了出来，并大度地与伤害过她的男人做朋友。

如果说婚姻的破裂和家庭的悲伤让奥黛丽痛苦不已，那么接二连三的流产足以将奥黛丽打入绝望的深渊。

奥黛丽第一次流产是与梅尔·费勒刚结婚不久，因为体质太差，所以导致了流产。当时奥黛丽无法承受这个打击，病倒了。第二次流产则是在拍摄《恩怨情天》的时候，因为马儿受了惊吓，将已有身孕的奥黛丽从马背上重重地摔在地上，导致她流产。

这次流产和上一次一样，都给奥黛丽带来极大的悲伤和痛苦。她是那么喜欢孩子，喜欢家庭，她最大的心愿就是守着丈夫和孩子过日子，但流产让她的梦想破灭了，她陷入了绝望的境地无法自拔。

这是奥黛丽第二次陷入绝望的悲伤中，第一次是她的芭蕾舞梦想破碎，那次她也是绝望到想死。不过，我们要相信，我们坚强的奥黛丽是永远也不会被悲伤打倒的。

芭蕾舞梦想破碎，她用学习表演来充实自己，在电影界走出一条金光大道；第一次流产，她为丈夫梅尔·费勒接受《战争与和平》剧组的邀请，用对丈夫的爱来驱逐悲伤；第二次流产，她依然没有抱怨一个字，养好病后就去继续参加拍摄，以工作来走出悲伤。她始终坚信：“困境只是一条隧道，在隧道的尽头，一定会有一盏灯。”

这种积极的心态不但让她在工作中保持良好的状态，也让她调理好了身体，在几年后有了自己的孩子。

试想如果奥黛丽在舞蹈梦破碎后一直陷在悲伤中沮丧消沉，那么她就不会在电影界工作，也就不可能在银屏上光芒万丈。试想如果奥黛丽在流产后一直陷在悲伤中沮丧消沉，那么她的身体也不可能康复并更健康，也就不可能在后来孕育孩子，享受做母亲的快乐。

悲伤，虽然只是两个简单的字眼，但有时候蕴含的破坏力是无可估计的，它能让人消沉，也能让人发疯。在一次次的苦难来临时，就在大家都担心奥黛丽的承受力时，却惊喜地发现她已经迈过悲伤，继续淡然地开始自己的生活了。

奥黛丽对待悲伤的态度让人赞叹不已，后人也纷纷模仿她积极的态度，但却不得要领。后来在肖恩写给母亲的传记中，终于找到了答案："有一种情感伴随了她一生，也影响了她一生，那就是忧伤。但母亲坚信：爱可以疗伤，生命变得更美好。"

由于悲伤的随机性和多发性，所以有人把悲伤视为生命常态，一生都在与悲伤这种负面情绪作战，被悲伤所纠缠，最终变得颓废，一蹶不振。

也有一种人，将悲伤看作是生命的点缀，奥黛丽便是后一种人，她曾经说："如果世界明天就毁灭，我会回顾那些有幸经历的快乐和惊喜，而不是为悲伤、流产或父亲的出走而喟叹，回忆开心时刻就足够了。"她坚信这个世界上有美好的一面，因此始终保持一种积极向上的心态，用爱驱逐悲伤和痛苦，生命因此而变得美好。

二、《双姝怨》：低调的华丽

亲爱的，我真想留下来，给我一个理由，让我拒绝邀请，我宁愿和你待在厨房里吃那些残羹冷炙。

——奥黛丽·赫本

001. 豪掷千金，不一定是身份的象征

奥黛丽一面以积极的态度面对生命中的悲伤，另一方面，她又用低调的态度来面对生命中的华丽。

还记得奥黛丽在电影《双姝怨》中饰演的凯伦出生名校，才华横溢，但她并没有去大都市过张扬的生活，而是和朋友在一个小镇上开办学校，做起了一名老师。虽然女孩玛丽的谎言让她和朋友被镇上的居民误会，但她的优秀却一直被居民所认同。

在凯伦的做人方式中，我们也可以看到现实生活中的奥黛丽对待生活的态度。奥黛丽虽然是一位名扬天下的好莱坞巨星，但她除去工作之外，最喜欢的就是在小镇上居住，过一种平常家庭主妇的生活。

稍微对娱乐界有所了解的人都知道，娱乐界是创造富人最多最迅速的平台，往往一部作品走红，便会捧红一群人，这群人的身价也随之暴涨，曾经看过一篇文章报道说，一部影视作品如果票房成绩不佳的话，往往会出现因为主角的片酬过高而导致剧组所有人员都为主角打工的现象。

身为一个风华绝代的影坛巨星，名气始终如日中天的奥黛丽比起那些光芒稍纵即逝的小明星不知大出多少倍去，她在银屏那些年一直光芒万丈。自从《罗马假日》一炮走红之后，奥黛丽的片酬便如被点燃的火箭头，嗖嗖地往上飞涨，1500 美元、15 万美元、到最后的 100

万美元……

如此高昂的片酬预示着奥黛丽再也不是那个为了生活费而不得不出去做兼职的穷女孩，她已经有了殷实而富足的家产，这些家产可以让她过上最为奢华的生活。

经济上的富足会改变一个人的生活方式，从大多数明星走红前后

的生活可以对比出来。她们开豪车、买豪宅、出入奢华的消费场所，过着娇奢华丽的贵族生活，出尽了风头。

但奥黛丽却与她们恰好相反，她不愿意出风头，所以从不在人前炫耀自己辉煌的成就。她从不开车，更不会买标志着巨星身份的各类豪华跑车。无论是在20世纪六七十年代，还是进入21世纪，我们总能看到许多明星开着诸如法拉利之类的跑车兜风的照片，极显奢华之

气息，但在这些云屯雾集的照片中，我们是绝对看不见女神奥黛丽的身影的，这是因为她从不认可以金钱为基础的奢华。

当然，有人会说，其实奥黛丽不开豪车并不是因为她不想张扬，而是另有其原因。这个原因源于一场车祸。

在奥黛丽与梅尔·费勒结婚后不久，她报名考取驾驶执照。没多久她就拿到驾驶执照，为了庆祝这件事情，梅尔·费勒买了一辆雷鸟跑车送给爱人，因为他觉得只有优雅、豪华的雷鸟才能与爱人匹配。毕竟是人生中第一部车，即使不是豪车，奥黛丽也对它爱不释手，因为我们都有这样的体验，对生命中拥有的第一件东西总是情有独钟，奥黛丽自然也不例外。

不过很快奥黛丽便将雷鸟转手卖掉了。因为有一天拍完戏后，在奥黛丽开着车回家的途中，与另一名女演员相撞，两个人当时都没有受伤，但几天后，那名女演员却将奥黛丽告上了法庭。这让奥黛丽很是愤怒，她当即决定卖掉雷鸟跑车，从此不再开车。奥黛丽对车的排斥与其说是对车祸的恐惧，还不如说是对邪恶人性的失望。

如果说不开豪车不足以证明奥黛丽不喜奢华，那么她对搭乘飞机的态度将是很好的诠释。

由于工作的缘故，奥黛丽需要去往不同的国度拍摄外景，所以飞机和汽车一样是她最常用的交通工具。虽然奥黛丽片酬奇高，但每次需要乘坐飞机去工作时，她都从来不坐豪华舱，她从不认为自己乘坐经济舱是一种有损身价的事情。

在后来与自己的灵魂伴侣罗伯特·沃尔德斯相识并生活在一起后，她也常常购买经济舱机票作为礼物送给他，而罗伯特有着与奥黛丽一样的思想和处世原则，他们都不认为豪掷千金是一种身份的象征，因此他回赠给奥黛丽的往往也都是经济舱机票，两个人一起搭乘经济舱去旅游度假或者为联合国儿童基金会工作。

说到这里，我突然想起了美国驻华大使骆家辉，他刚来中国的时候也是一家人搭乘经济舱，当时这则新闻轰动了整个网络。在中国网友们看来，大使代表着一个国家的形象，理所当然是应该坐豪华舱，怎么能坐廉价的经济舱呢，这样置大国形象于何地啊？！

身为世界经济最发达国家的大使，坐豪华舱的能力自然是有的，而且骆家辉本人身价也值上千万美元，区区一个豪华舱票价只算是九牛一毛而已，但他却并没有选择乘坐豪华舱。

由此可见，骆家辉选择经济舱并不是因为钱的问题，而是觉得没有必要。在他看来，身份地位的高低贵贱并不取决于花钱的豪放程度，而是取决于他的人格和品行。在这一点上，骆家辉和奥黛丽的思想是一致的。

002. 和平之邸，比豪宅舒适得多

在西方，鼓励人们过华丽的生活方式，这也是每个人都向往的，每个人也都在为过华丽的生活而拼搏。

不过，所谓华丽，有两种解释。第一种解释是以金钱为基础，从吃、住、行等，无论什么都是用最好的，这就是物质上的华丽，可是如果没有经济基础，这种华丽的生活根本无复存在。还有一种解释：华丽跟金钱无关，它只代表一种积极处世的生活态度，这类人极力追求个人品质的提高，从而鞭策自己更加努力。骆家辉和奥黛丽显然都属于后者。

由于并不追求物质上的华丽，所以奥黛丽不开豪车，更不住豪宅。

因为工作的关系，影星们每年都要在好莱坞或是纽约等豪华大都市待一多半的时间，因此许多巨星在好莱坞都购有豪宅，以做工作的落脚点。但奥黛丽却是例外。她并没有购买豪宅，也没有在美国生活的打算。她把家安在了离美国千万里之遥的瑞士。而每次到好莱坞工作，她都居住在朋友家里，留宿最多的便是蔻尔家。

素有“英国玫瑰”之称的黛博拉·蔻尔的住宅豪华气派，在阳台上可以俯视比弗利山，住在这样的豪宅里简直就是一种从视觉到精神上的超级享受，但奥黛丽却不迷恋这一切，每次工作一完成，她就会马上搭乘飞机回瑞士的家中。那里有绿茵茵的草坪、湛蓝蓝的天空、

雪白的云朵、还有在阳光下泛着金光的碧绿的日内瓦湖水，她把它命名为和平之邸。

这座府邸虽然只是一座乡村小院，但在奥黛丽心中，却比朋友们的豪宅舒适得多，即使拿一座金碧辉煌的宫殿去交换，奥黛丽也不会答应的。

奥黛丽对和平之邸简直可以说是一见钟情。其实奥黛丽刚到瑞士的时候，并不住在这里，她和梅尔·费勒居住在卢塞恩，但冬季的卢塞恩实在是太寒冷了，这不利于体质虚弱的奥黛丽调养身体，于是她和梅尔·费勒商议去日内瓦湖畔另寻一个温度适宜的居所。

听说奥黛丽要寻找新的住所，朋友们都纷纷献计献策，其中一个朋友告诉奥黛丽，在日内瓦湖畔有一个古老的小镇莫尔日，在镇子附近的小村落特洛谢纳里，有一所房子要出售。奥黛丽决定去那里看看。

那天，奥黛丽准备了三明治和暖茶，然后和梅尔·费勒乘坐火车沿着卢塞恩向洛桑的方向而去。他们倚着车窗，聊着愉快的话题，看着沿途美丽的风景，仿佛去郊游一样轻松惬意。一踏进莫尔日镇，奥黛丽便被它迷住了。小镇与连绵的阿尔卑斯雪山遥相呼应，中间隔着辽阔如海的日内瓦湖，湖边草坪上水鸟成群，与人和谐相处，整个小镇弥漫着一种静谧安宁的氛围，让人不知不觉中放松自己。

很喜欢这里的奥黛丽迫不及待地想要看到那幢出售的房子，于是和朋友开车向小村子驶去。关于看到房子时的心路历程，肖恩在为母亲写的传记《天使在人间》中有详细的描述："她们到了小村，她让车停在房子的不远处，站在车篷下观看。那时正是春天。这所房子是一栋18世纪的农舍，周围有两英亩半的果树。她看到的是满眼的樱桃花，房子就掩映在红花绿树之后。她记得，看到这座房子，使她有一种蝴蝶在身体内飞舞的感觉。她觉得自己回到了家乡。我非常感谢那些在她身体内飞舞的蝴蝶，它们使她对未来有了美好的期望。我们家人通常在圣诞节团聚。"从最后那句话可以看出来，这幢房子带给了奥黛丽和家人太多美好的回忆。

在以后的几十年中，奥黛丽一直居住在这所房子里。每一段工作结束后，别的影星们都会去世界各地度假休闲，唯独奥黛丽不去。她更爱呆在家里，为丈夫和孩子下厨，粉红色的餐布、摇曳的烛光、舒缓的音乐……奥黛丽把一个个乡村的夜晚打扮得浪漫而迷人。

003. 低调背后，光芒四射

奥黛丽如此低调，总是把自己辉煌的成绩收进储物盒里，让自己的生活看起来平淡无奇，奥黛丽这样做完全是她的本性使然。

她不喜欢各种晚宴酒会，虽然这些场所正是让明星们光芒四射的平台，而这种平台也能让外界看到参与者的华丽，因此很多明星为了在各种晚宴酒会中抛头露面而费尽心机。但奥黛丽却很厌恶这一切，不过很多时候她都不得不去，因为公司或是摄制组有安排，她必须服从。

每次在赴宴前梳妆打扮的时候，奥黛丽经常会停下化妆，抱起当时尚年幼的儿子肖恩来深情地呢喃："亲爱的，我真想留下来，给我一个理由，让我拒绝邀请，我宁愿和你待在厨房里吃那些残羹冷炙。"

敏感、保守、安静，著名影星加里·格兰特对奥黛丽的评价便是

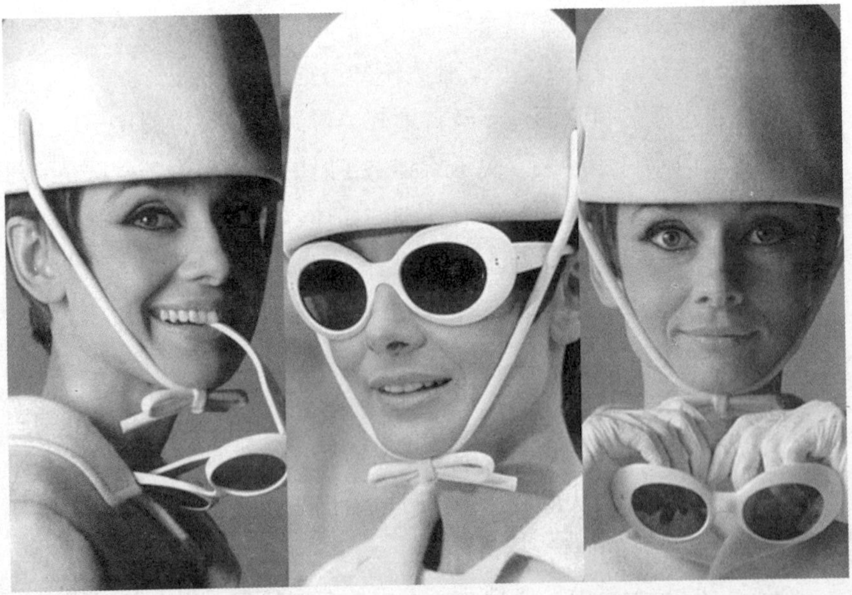

如此。不过奥黛丽的低调做人让他很怜惜这个安静的女孩，有一次在拍戏的空档，他握着奥黛莉的手说："诺，你要学着更爱自己一点。"他希望这个女孩张扬一些，尽情去享受自己的努力所创造出来的成果。

奥黛丽是懂得格兰特的好意的，不过她从来没有打算改变自己。她不但从不向外界展示她的华丽，更不容许那些华丽污染她的孩子们。

她的儿子肖恩说："虽然母亲是大明星，但我和卢卡都像普通孩子一样成长，我们并没有在'好莱坞'度过自己的童年，不只是说我们的住所，也是说我们的生活。母亲从来不在家里放自己的电影，对她来说电影的拍摄结束了，就是结束了。所以我们并不是成长于一个演艺家庭。我并没有在到处充斥着电影制作人的环境中长大，我也没有和他们的孩子一起上学或者玩耍。我出生后的头几年是在瑞士度过的，在我们家附近的一个村庄学校读书，我的朋友都是农民或者学校老师的孩子。在我上学的路上有一家孤儿院，那儿的孩子也是我的朋友。"

关于奥黛丽低调的华丽，与她一起出演《双姝怨》的雪莉·麦克雷恩有一句话形容得非常恰当。她说："如果要在皇室与平民之间找到一个结合点，那就是奥黛丽。"

多年以后，莫尔日小镇上的居民们依然清晰地记得，在小镇上一座普通的院舍里，一个纤细高挑的身影出出入入，她买菜、养花、送孩子上学，像是一个寻常人家的主妇。

当时很少有人知道，在这座与周围房舍一样普通的院子里的女主人，会是影坛上最有名气的巨星，她的光芒足以照亮影坛的每一个角落。但在这里，在邻居们眼里，她只是一个侍弄花草、疼爱家人的平常人。

直到多年以后奥黛丽去世，她的粉丝们从世界各地不远万里聚拢到小镇上，当他们默默徘徊在房舍四周去感受这位优雅女子的气息时，小镇居民们才知道她低调背后的华丽。

三、《偷龙转凤》：赫本式幽默感

小偷一定是发现全瑞士的黑市都没有可以销赃的地方，所以才把它扔到那里。

——奥黛丽·赫本

001. 幽默，是女子最得体的外交辞令

我总觉得，人的表情中最充满正能量的便是“笑”。笑是一种健身运动，是平衡身体健康机能的调节器；笑是一种感情沟通，能展示我们的内心情感；笑更是一种社交方式，它在与人交流的时候，能够起到问候、安慰、鼓励、谅解的作用。

一个爱笑的人，一定是一个和善的人，但他不一定受人欢迎。而一个善于制造笑声的人，一定是一个很受人欢迎和喜爱的人；反之也可以说：“一个受欢迎和喜爱的人，也一定是一个善于制造笑声的人。”

从世人知道奥黛丽这个人那一天起，她就受到所有人的喜爱，她所到之处，影迷们聚到一起，人山人海，只为表达对她的热烈欢迎。而奥黛丽也没有让人失望，她爱笑，更善于制造笑声。只不过奥黛丽性格安静内向，所以给陌生人的印象是言辞简洁，只有与她在一起工作过的人员才有幸看到奥黛丽的这一优点。

在《偷龙转凤》这部影片中，妮可机智幽默，给人留下很深的印象，我有一位朋友看到这部影片时因为太喜欢奥黛丽饰演的妮可，竟然一连气看了五遍。奥黛丽之所以能把一个聪明幽默的妮可演得如此生动，是因为她本人就是一个幽默的人。

在拍摄这部影片时，她和男主角彼得·奥图尔有一场躲在阴暗狭小的储物室的戏，这场戏码一共花了十一天的时间才完成。他们两个是第一次合作，之前还是陌生人，因此在那个狭小的空间里，两个人很尴尬。不过，奥黛丽用自己的幽默化解了这种尴尬，两个人合作得

相当愉快。不仅如此，两个人的欢笑声还传染给剧组的工作人员们，因此威廉·惠勒说："这是最轻松愉快的一次拍摄之旅。因为有奥黛丽和彼得出现的地方，总是充满了笑声。"

制造笑声不但需要良好的心态，更需要幽默感。但在奥黛丽的母亲看来，女儿说话严肃直白，哪里有什么幽默感可言，简直是一个无趣的人，她希望女儿能有所改变。

我们可以理解艾拉夫人这番话的良苦用心，因为作为母亲，都希望自己的女儿活泼开朗，善于交际应酬，只有这样，才有利于她们拓展事业。但奥黛丽对母亲的评价总是报之一笑，她觉得与人争辩这个问题才是真正无趣得很。

虽然从小到大艾拉夫人一直和女儿生活在一起，但她显然对女儿了解得不够。因为奥黛丽的幽默是那种深刻的幽默，这种幽默与肤浅的幽默不同，它不造作，也不刻意，但却能在无形之中驱散阴郁和压力。

还记得在 1962 年 7 月，小偷趁奥黛丽和梅尔·费勒夫妻两个在巴黎拍摄电影《巴黎假期》之时，撬开她远在瑞士的家门，偷走了奥黛丽的一些珠宝、奥斯卡奖杯和一幅名画。虽然警察不余遗力地追查，却也没有查到小偷的下落，只在她家附近的树林里找到了那座奥斯卡奖杯。

面对这样的结果，奥黛丽没有指责警察的不力，只是笑着说："小偷一定是发现全瑞士的黑市都没有可以销赃的地方，所以才把它扔到那里。"她的宽容式幽默逗得大家开怀一笑，也无形中为办这个案子的瑞士警察们卸去不少压力。

在生活中，我们常常会遇到各种状况：生活带来的困难和尴尬，工作带来的紧张和焦虑。遇到这种情况的时候，我们不妨用幽默来应对。

有人说幽默感需要培养和训练，因此市场上才会出现各种各样培养幽默感的书籍，方法无非就是"试着微笑、看漫画书、学哈哈课程……"。但有些人的幽默感是天生就存在的，譬如奥黛丽，有时候，她随口说出一句话来，就会让人感觉到轻松和快乐。她拍摄《二人同路》时，有一个镜头是她和芬尼开的旧汽车因汽油泄露而引发火灾，心慌意乱的芬尼提起一桶水浇到火上，谁知火势不灭反涨，奥黛丽大声喊："哦，它喜欢水。"在场的工作人员愣了一下，随后都哈哈大笑起来。因为这本是剧本中没有的台词，但却与当时的场景完全融合，要描述当时那个火势，没有比这句话更贴切的了。

002．一个多面体幽默大师

我们经常可以看到这样的视频：一只仓鼠看到一盘子萝卜，会一口气全塞进嘴里、两只哈士奇狗陪着小主人学爬行……动物们的举动总是惹人发笑。而在众多的幽默模式中，最轻松的幽默莫过于拿动物作为笑料。

还记得美国总统奥巴马在感恩节的前一天，颁发给两只加州火鸡"免死金牌"那件事情吗？当时，赦免仪式在白宫的玫瑰园里举行，在两个女儿的陪同下，奥巴马发表了幽默的赦免讲话："作为地球上最强大国家的领导人，今天，我有一个非常棒的责任来赦免一对火鸡。这种感觉真不错，它终止了 11 月以来至少一个惨败的郁闷。"他指着那两只幸运的火鸡说："在总决赛中，这些火鸡伴随着背景音乐，在评审团面前昂首阔步，就像火鸡版的'与星共舞'，可是只有这一对火鸡能够活下去，它们赢得的大奖就是：活着。它们的余生将享尽荣华。今天之后，它们将前往位于弗吉尼亚州的美国首任总统华盛顿的故居弗农山庄度过光荣的'退休生活'。"

说到这儿，奥巴马意犹未尽地走到那对火鸡面前，伸手摸着火鸡的头顶，然后庄严地说："你被特赦了，从感恩节的餐桌上。祝你们在弗农山庄的生活美好快乐！"话音刚落，"苹果"很配合地发出了"咕噜噜"的叫声，奥巴马笑着说："看啊，他发出了致谢声！"

电视前面的观众们都在夸赞美国总统的轻松和幽默。但谁会知道，此时的奥巴马，却因为其所在的民主党在 11 月的中期选举中遭遇了 60 年来最大的失败，心情糟糕透了。

其实，拿动物来做幽默话题并不是奥巴马的首创。早在 20 世纪 60

年代，奥黛丽就曾经拿一匹马来作为笑料，只不过这是一种专属于赫本的自嘲式幽默。

那是在拍摄《战争与和平》时，演员们需要在酷热的夏季里穿上皮衣棉服来拍摄冬季的镜头。穿着厚厚皮草的演员们都被大太阳晒得昏昏沉沉，到最后，奥黛丽骑的马儿终于经不住酷暑，晕倒在地。工作人员迅速把奥黛丽从地上扶起来，并夸她和马一样强壮。谁知奥黛丽却笑着说："其实我比马儿要强壮得多，因为我没有倒下，马儿却晕倒在地。"

奥黛丽这种自嘲式的幽默话语引得众人哈哈大笑，大家忘记了酷热，整个现场的气氛都十分轻松。而此时的奥黛丽，却因为刚刚流产，身体极度虚弱，而且酷爱孩子的她无法接受失去孩子的打击，心情极其郁闷和低落，但是她没有被这种情绪困扰，而是用幽默轻松的言辞将快乐传播给他人。

在赫本的幽默模式中，最难能可贵的是充满童趣的幽默。这是不掺杂一点世俗气息的幽默。

在她主演的音乐剧《甜姐儿》中，有一个场景：她和饰演迪克的弗雷德·阿斯泰尔在巴黎的一个小岛上翩翩起舞，绿色的草地、清澈的河水、耀眼的阳光和妙曼的舞步，构成一幅让人沉醉的画面。而奥黛丽从小就梦想着与舞蹈大师阿斯泰尔共舞一曲，所以她一直盼望着拍摄这组镜头。

事实上，当他们赶到巴黎拍摄这组镜头时，巴黎一直在下雨。眼看规定的时间就要到了，天空依然没有放晴。导演多南决定即使下着雨也必须开拍。多南的决定让每个人都很紧张，他们不知道下雨拍摄出来的效果会是如何？这时，就听奥黛丽像个孩子似地嚷道："我盼了二十年要跟弗雷德·阿斯泰尔跳一场舞，可是换来了什么，一身泥泞？！"她的一句话让本来紧张的人们瞬间欢乐起来。

说到这里，我便想到了物理学家理查德·费曼。他也是和奥黛丽一样拥有最为可贵的童趣幽默。上学时，他夜里悄悄地把同学宿舍的门拆下来藏起来，第二天，一群同学因为找门而像无头苍蝇般四处乱转时，他装出很无辜很委屈的样子，其实心中已经笑翻了天；在曼哈顿工作时，男女分别住在男女宿舍里，为了想要独占一间宿舍，他想出一个办法，他把床铺弄乱，把妻子的睡衣和香粉扔在床铺上，制造出有女人在他房间过夜的假象。结果导致研究所上层忧心忡忡，不得不颁布出一条“女生不得进入男生宿舍”的新规定；去餐厅时，他把小费放进装满水的玻璃杯，用卡片紧紧覆盖在杯子上，然后把杯子翻过来放在桌上后将卡片抽走。服务员取杯子时水流了一桌子，看着气愤的服务员，他像个孩子般哈哈大笑。但二者不同的是，理查德·费曼的幽默让他的生活充满了乐趣，而奥黛丽·赫本的幽默让她身边的人都一起快乐。

赫本式的幽默感中，有一种叫坚强。奥黛丽在拍摄《恩怨情天》时，曾经遭遇了一场危险。当时她正骑在马背上准备往前跑，突然，一个工作人员从旁边冲出来拦在马前，马儿受惊，前蹄猛地抬了起来，没有防备的奥黛丽瞬间从马背上摔了下来。

当时她还怀着孕，因此她很担心自己会流产，而人们却都担心比流产更可怕的事情，那就是她会瘫痪。看着大家忧心重重的样子，奥黛丽笑着说：“我一定会在片子完成之前再骑那匹马。”这一次，她的幽默不但没能逗人发笑，反而好多人都忍不住眼眶潮湿，为她幽默背后的坚强所感动。

奥黛丽的幽默中还极富有哲理。她不喜欢与别人说教，这不是奥黛丽的性格。但在孩子的成长过程中，奥黛丽经常使用这种哲理性幽默。有一次，她的儿子肖恩和母亲谈论起他喜欢的一个女孩，他很苦恼的是，这个女孩更喜欢另外一个男生，或者也许她两个都喜欢，这种情形困扰着肖恩，他很是烦恼，于是求助母亲，希望能得到一些帮助。奥黛丽静静地听儿子说完了整个故事，思考了一会儿后对肖恩说：“你最好把精力放在学习上，因为如果你没有通过考试，那么你很可能要遭受两次打击。”

人生有所建树的人身上都具有幽默的特点，但能像奥黛丽·赫本这样聚多重幽默模式于一身的人，还真不多。如果你能学会像奥黛丽那样运用各式各样的幽默，那么你就可以称之为幽默大师了。

四、《窈窕淑女》：平和大度的风采

至于提名这件事，我想我是众人皆醉我独醒的唯一一人。每个人似乎都在找理由解释，在我看来却非常简单——我的表演未臻水准。《窈窕淑女》对我意义如此重大，因此我不由得偷偷希望能够提名，但绝不奢求。

——奥黛丽·赫本

001. 人生是一所学校，平和大度是主修课

比利·怀尔德曾经说："奥黛丽·赫本呈现的是一些消逝已久的特质。例如：高贵与低调、坚强与幽默、优雅与礼仪……上帝都愿意亲吻她的脸颊，她就是这样一个讨人喜欢的人。"事实的确如此，她的优雅、她的坚强、她的低调，都是那样自然而有个性，完美到让人着迷的地步。

不仅如此，奥黛丽身上所特有的平和大度的品德，更具有一种震撼人心灵的力量，让人对她心悦诚服，难怪美国《时代》周刊如此评价奥黛丽："奥黛丽卓然不群，别指望拿那些现成的陈词滥调来套她。"

我们的生存空间是由社会各阶层的人组合而成，因为每个人的性格不同，处理事情的方式不同，所以人与人在沟通过程中总会产生各种分歧或矛盾。面对这种情况，是针锋相对，抓住对方的错误不依不饶；还是宽容大度地谅解对方？奥黛丽选择了后者。

我们都知道，在奥黛丽小时候最需要父爱时，她的父亲却弃她而去，当身陷"二战"的窘困饥饿中时，年幼的奥黛丽也曾用最恶毒的语言攻击过他，抱怨他没有尽到一丝一毫身为父亲的责任。但长大成人之后，奥黛丽学会了谅解和宽容。

她在辗转找到父亲后与他见面时，没有指责，也没有怨恨，而是"主动走上前去，拥抱了他，就像其他那些幸福的女儿拥抱自己慈祥

的父亲一样”。虽然在她年幼最需要父亲照顾的时候，父亲遗弃了她，但她却并没有因此拒绝赡养他，她在经济上和精神上都一直照顾父亲直到他去世。

奥黛丽告诉我们，大度，在某种程度上其实就是吸纳你最原始的品德，为人处事学会宽容、谦卑、大度，才能让自己的生命更加丰盈圆满。

奥黛丽不但在对待父亲的问题上宽容大度，对别人也是如此。有很多人能够做到对自己的亲人宽宏大度，因为毕竟有血缘关系，亲情总是能够轻易驱散怨恨和责备，但他们却很难宽容大度地去对待亲人之外的人。

不少人在与人最初相处时，能够做到谦逊平和，但时间长了便会变得斤斤计较，因为人与人的交往总是存在着各种分歧。其实，真正的大度是无论对方是谁，都能做到以宽广的胸襟、态度平和地与之相处。在这一点上，奥黛丽·赫本当属楷模。

平和是一种相对较为稳定的心态，而大度则是一种宽大为怀的处事方式，二者合起来则是一种修为。这种修为不是天生而成，它是需要后天训练修养才能达到的一种境界。

奥黛丽的平和大度也不是与生俱来的，儿时对父亲的不负责任，她会抱怨，那时候年幼，根本不懂宽恕和包容为何物。即使到 1951 年她 22 岁的时候，奥黛丽依然不明白宽容大度为何物。

那时，她拍摄《少妇轶事》，因为导演总是无缘无故找她的麻烦，这让奥黛丽很是气愤。此时的奥黛丽太年轻，尚不懂得对他人的小过错要大度面对的道理，因此她不懂得隐忍，每当导演挑毛病时，她都会愤然反驳，导致片场气氛一直很紧张。

后来随着年龄增长，心智日趋成熟，奥黛丽的修为也在慢慢提高。在她拍摄《甜姐儿》时，因为年龄差距引发的不自信导致男主角弗雷德·阿斯泰尔烦躁易怒，他总是不停地挑剔和责难，甚至还不停地打断奥黛丽的表演。

面对搭档给的委屈，奥黛丽从未向大众提到过，此时的她 28 岁，虽然依旧年轻，但她已经懂得了隐忍与平和。她曾经说过一句话：“有一句成语：不要杞人忧天。事情总会有变化的时候。我非常相信这句话。”只是懂得隐忍是一回事，包容和谅解则是另一回事，年轻的奥黛丽尚还未修炼到“无故加之而不怒”的境界，因此她私下向朋友倾诉自己有些压力。

002. 天下之事，成於大度之君子

最能体现奥黛丽大度风范的要数她在《窈窕淑女》幕后的表现。

这是一部成功的电影，影片讲述下层卖花女伊莉莎被语言学教授希金斯改造成优雅贵妇的故事，从头至尾洋溢着幽默和雅趣，片中有大量经典歌曲，为了演好这个角色，奥黛丽很努力地演唱并录制了全部片中歌曲，奥黛丽的表演令影片闪耀特别的光彩。

但华纳老板因不喜欢奥黛丽·赫本的演唱而请了配唱，这样的结果是奥黛丽没有想到的，因为没有人告诉她会找配唱，直到影片播出那一刻，她才知道真相。没有什么事情比欺骗更让人气愤的了，奥黛丽完全有理由去质问老板，或是在采访时道明真相，但她没有这样做。

秉性宽厚大度的她总是以大局为重，以团队利益为重，因此当有记者采访配唱一事时，她微笑着回答："高音部分唱不了，我不是歌手。"事实上，奥黛丽低沉婉转的歌声比起华丽高亢的女高音更突出人物的真实感，更加适合剧中的情节表达。

这部影片在1963年公映时赢得了八项奥斯卡大奖，正是奥黛丽的出色表演成就了这部影片，但因为配唱的事情，导致她连奥斯卡最佳女主角的提名都没有得到。导演库克怕她难过，所以安慰她没有获得女主角提名的原因，是华纳没有在提名前让影片在洛杉矶大部分电影院上映。

但奥黛丽却只是摇头微笑，她说："至于提名这件事，我想我是众人皆醉我独醒的唯一一人。每个人似乎都在找理由解释，在我看来却非常简单——我的表演未臻水准。我坚信真的有人对杰克·华纳或我怀恨在心，或者要确保朱莉·安德鲁斯获奖，只要我的表现够水准，那么他们都只是白费心机。《窈窕淑女》对我意义如此重大，因此我不由得偷偷希望能够提名，但绝不奢求。因此我虽然失望，不过但不像一些好友那么震惊。"

这本来不是自己的过错，却要她一个人来承担后果，面对这种境况，奥黛丽自然是很失落的，但她并没有怨天尤人。她知道，人生的道路总是蜿蜒曲折、坎坷不平的。无论多么灿烂的阳光也有照射不到的阴暗角落；即使风和日丽的天空上偶尔也会有乌云飘过。

人的一生中有顺利的时候，也有挫折的时候，因此要常怀律己之心，切实做到顺利时淡然处之，挫折时不灰心丧气。只有怀有这种宽阔的胸怀，才能正确看待自己的能力，不会受到外界的影响。正因为懂得这些，奥黛丽才会不去计较得失，一直保持好的心态。

但这一切远远没有结束。虽然奥黛丽一心想要淡化这件事情，但是就好像是故意要考验她的胸怀究竟有多宽、度量究竟有多大一般，美国影艺学院点名要奥黛丽去晚会颁发最佳男主角奖。

这个决定无疑是在奥黛丽失落的心上再捅一刀，让她更加难过。她对库克说："没有获得最佳女主角提名不算什么，但要让我去颁奖，压力真的是太大了。"

其实，她完全可以拒绝学院的要求不去出席这个让她难过甚至有些屈辱的晚会。但奥黛丽并没有这样做，她深深懂得，面对风云突变的世界，一个人必须有宽阔的胸襟才能保持良好的竞争状态，执拗和愤怒只会使自己的路越走越窄，最终走投无路。

晚会上，她高兴地站在奖台上为搭档雷克斯·哈里森颁奖。不光如此，她还主动向当届获得女主角奖的安德鲁斯祝贺，并与她合影留念。

虽然奥黛丽没有获得那一届的奥斯卡金像奖，但她宽容大度的笑颜散发出瑰丽璀璨的夺目光泽，显示出她高贵品格的闪耀光芒盖过了当晚所有奥斯卡小金人发出的光芒。她没有获奖，但她却成为了当晚乃至历届奥斯卡晚会最炫目的明星。

一个人的人格魅力基础在于性格，真诚友善、豁达乐观、平和大度，只要拥有这几点，便会放射出迷人的魅力。其中平和大度至关重要，只要你心胸宽大，不计较得失，抱着平和的心态为人处事，那么你便具有了令人尊敬和爱戴的凝聚力。奥黛丽不计较得失，平和大度地去面对让她尴尬的局面，不但保护了自己，而且还获得大众的赞誉。正所谓"受益为谦，有容乃大"，就是这个道理。

中国历史上有一个关于宽仁大度的故事老幼皆知："韩魏公担任定武统帅时，曾经夜间写信，让一个士兵拿着火把在身旁照明。那个士兵向别处张望，火把歪了烧着了韩魏公的胡子，韩魏公急忙用袖子掸灭了，照旧写信。过了一会儿，偶尔抬头一看，已经换了一个士兵了。

韩魏公担心长官会鞭打那个士兵，急忙喊那个长官来，看着他说：‘不要追究他啦，他已经知道怎么拿火把了。’军中都很赞叹佩服韩魏公的宽厚大度，因此都敬重他，唯他的马首是瞻。”宽容大度能够创造出一个积极健康的社会氛围，正是凭借这个氛围产生出的能量，韩魏公连打胜仗。

韩魏公凭着宽容大度连打胜仗，而奥黛丽则凭着平和大度赢得世人的敬重和爱慕。恰如明朝的方孝孺说的那样：“天下之事成于大度之君子，而败于私智之小人。”

五、《蒂凡尼的早餐》：永远保持友善

苗条的身材，要肯将食物与饥饿的人分享；美丽的秀发，因为每天有孩子的手指穿过它；可爱的双眼，要善于看到别人的优点；而魅力的双唇，在于亲切友善的语言。

——奥黛丽·赫本

001. 江海为百谷王者，以其善下之

越是走近奥黛丽·赫本，人们越发现，在她的身上有许多优良的品行，友善便是其中的一个。

如果说坚强、大度是奥黛丽在成长的路上一步步感悟修得的，那么友善便是来自于她的母亲。关于这一点，奥黛丽曾经说过："我的母亲生于20世纪初，在一个严厉并且具有维多利亚文化的家庭中长大。她总是叮嘱我和哥哥，不要忘了，礼仪意味着友善。所以要永远保持友善。要记得为老妇人开门，这样才能帮助她们。母亲对这样的处事态度坚定不移。"

正是母亲的言传身教，赋予了奥黛丽这一优良的品德。在她后来的一生中，友善让她的形象更加辉煌灿烂。

我们在日常生活中经常看到这样的情景：有的人因为一些鸡毛蒜皮的小事便恶语相向，甚至动起手来。还有的人对旁人的困难漠不关心，甚至冷嘲热讽。这样的举动源于缺少友善之心，因此不懂得谅解包容。

还记得有一个视频曾经震撼了很多人："一个女孩受到感情打击想要跳楼自杀，这个举动引来了一大群围观者。警察很快赶到了，有的警察在楼下铺气垫，还有心理专家上楼去疏导女孩的心理。在心理专家的开导下，一心求死的女孩犹豫了。眼看着解救就要成功，谁知

围观者中有人喊了一声‘你不是想要跳楼吗？倒是跳下去啊。不跳就说明你是想要出名。’”

女孩听了这句话脸色一变，猛地从楼上跳了下去，为了证明自己的决心，她绕过下面的气垫，摔在了街道上，当场摔死。过后，人们纷纷指责那说话的围观者没有友善之心，才彻底毁掉了那个女孩。难怪罗素说：“在一切道德品质之中，善良的本性在世界上是最需要的。”这话一点不假。

奥黛丽深深懂得这个道理，她说：“苗条的身材，要肯将食物与饥饿的人分享；美丽的秀发，因为每天有孩子的手指穿过它；可爱的双眼，要善于看到别人的优点；而魅力的双唇，在于亲切友善的语言。”

她是这样说，也是这样做的。她不但对派克或是惠勒等有同等名气的大腕明星们友善，对比她名气小的搭档们也是如此。

在拍《蒂凡尼的早餐》时，和她演对手戏的是年轻英俊的演员乔治·佩帕德。因为奥黛丽的名气太大了，乔治一直把她当成自己的偶像，突然要和偶像演对手戏，而且还是亲密的情侣戏，乔治不由得非常紧张。因此在拍一场与奥黛丽的床上戏时，紧张的乔治躺得过于靠边，扑通一声跌倒在地板上，在大家的嬉笑声中，乔治闹了一个大红脸，更加手足无措起来。

奥黛丽忍住笑，热情地向他伸出手，把他从地上拉了起来，并且还和大家说起了别的话题来分散众人对这件事情的嘲笑。过后乔治和朋友说，从未想到名声赫然的奥黛丽会如此友善亲切，是她的友善帮他消除了紧张，才会拍出这部被赞誉为“60年代美国最佳喜剧片”的电影来。

托马斯·卡莱尔说过：“一个伟大的人，以他对待小人物的方式，来表达他的伟大。”虽然这不是一个伟人辈出的时代，但这是一个盛产名人的时代。名人的一举一动也总是被放大无数倍。因此我们能清楚地看到名人待人接物的行为。我们常常在微博上看到一些名人对自己的朋友或搭档亲切友善，但对粉丝们却傲慢无礼，对捧他们的粉丝尚且如此，可想而知，他们对平常人的态度能好到哪里去？！

我们的奥黛丽不是这样言行不一的人。在她去世后，她的儿子肖恩曾经回忆起这样一件事情来："我仍然清晰地记得，我们最后一次在花园里散步，我们的园丁吉奥瓦尼向我们走来并且说：'西格诺拉，等你身体好了，可要来帮我整理花园啊，修剪树枝还有再种点新的花草。'母亲微笑着说：'吉奥瓦尼，我会帮助你的……但是不会像以前那样了。'"

这是一个主人和家仆的对话，更是一个名声显赫的国际巨星与一个身份卑微的下层工作者的对话。他们的对话看不出丝毫身份上的悬殊，倒像是家人之间的闲聊，亲切而友善。哲人说："善良与品德兼备，犹如宝石之于金属，两者互为衬托，益增光彩。"奥黛丽的友善言行使她的一生熠熠生辉。江海所以能为百谷王者，以其善下之。因此可以这样说，奥黛丽的成功与她友善待人是分不开的。

002. 友善，女人包里的一张高额度信用卡

友善是道德中最大的秘密，它能起到彻头彻尾改变一个人的作用。

最有名的要数鲍勃·胡佛和一名马虎机械工的例子。鲍勃·胡佛是美国著名的一个试飞驾驶员，有一次他驾驶飞机飞回洛杉矶。但在距地面 90 多米高的空中，他忽然发现有两个引擎同时失灵，这可是要命的大事。幸亏胡佛技术高超，飞机才奇迹般地着陆。胡佛立即检查飞机用油，正如他所预料的，他驾驶的那架螺旋桨飞机装的却是喷气机用油。当他召见那个负责保养的机械工时，对方已吓得直哭。

这时，胡佛并没有像大家预想的那样大发雷霆，而是伸出手臂，抱住维修工的肩膀，信心十足地说："为了证明你能干得好，我想请你明天帮我的飞机做维修工作。"从此，胡佛的飞机再也没有出过差错。正是鲍勃·胡佛的友善改变了那位马虎的维修工，让他从此变得兢兢业业，对工作一丝不苟。

能否以友善的态度为人处世，体现着一个人的道德水平。一个友善的人，必定是一个道德高尚的人，因为善良的行为有一种好处，就是使人的灵魂变得高尚了，并且使它可以做出更美好的行为。

友善的源泉在于内心，只要你肯挖掘，它就会汩汩地涌出。奥黛丽经常对儿子们说：“设身处地地站在他人立场上考虑问题是一种优良品德。我们需要一生都去锻炼自己的这种能力，就像锻炼自己的肌肉一样。”我们知道，这是她尚在母亲腹里，便得到的一种优良品质，与生俱来，经过她一生的磨炼益发熠熠生辉。

所谓“知母莫若子”。最了解奥黛丽的要数与她朝夕相处的儿子们。肖恩说：“这种非常有价值的换位思考好像一架显微镜，使母亲能够看到或者感受到其他人比较隐私的感受和灵魂，这对她的演艺生涯也很有帮助。而在为联合国儿童基金会工作期间，这种能力又成为一个放大器，将那些孩子所遭受的痛苦放大数倍，令母亲感同身受，比如这个失明的女孩就让母亲情绪低落了好久。母亲形容这种状况为‘情绪饥渴’‘一种用食物无法满足的饥渴’，母亲对那些无依无靠的孩子最为敏感。母亲曾经写道：‘来自成人世界的忽视和羞辱可以杀死孩子们的信任，孩子们的希望，和孩子们的想象力。’母亲试图与这个失明的女孩交流，安慰她的孤独和寂寞，然而并没有成功，也许在她的世界里，只有空虚和痛苦。”

肖恩说：“也许正是母亲内心隐藏的悲伤征服了世界，让人们喜欢上她。”但我却觉得，是友善征服了世界，让人们爱上她，最终奥黛丽成为我们浪漫世界中最受欢迎的偶像，成为感情世界里的圣女贞德。

只不过最后她把友善和爱给予了别人，悲伤却占据了她一生。她眼睛中的忧伤讲述了所有的答案：“我明白，我明白现实到底是什么样子的，但是请让我梦想，让我成为你的安提歌尼（底比斯王俄狄普斯之女，因违抗禁令而自杀身亡）。”

友善，是一个人很好融入社会的前提之一。一个人友善待人，人必友善待他，这样才能形成合力，成就大事业。奥黛丽的成功，很多人都归功于她美丽的外貌和精湛的演技，但很少有人知道，其实这与她一生都保持友善的态度是分不开的。如果说美貌是一封推荐信的话，那么善良就是一张信用卡，存储的额度越高，信用度便越好。

第五辑 破译情感
——愿得一人心，白头不分离

婚姻是一个全职工作，需要比表演更多的才华。如果我结婚，一定会以婚姻为重。

——奥黛丽·赫本

很早以前，我就已经决定，无论遇到什么情况，都要坦然地接受生活；我从来没期望过它会对我青睐有加，虽然如今我已拥有许多我不曾奢望过的东西。其实很多时候，它们都是那么悄无声息地降临到我的生活中，我甚至都不曾去寻找过。

——赫本密码

一、爱情和事业是一道选择题

让这个世界转动的不是金钱，而是爱。与爱人的相处对于我们的心理、生理健康都大有裨益，而且它还是你努力赚钱的动力。爱情为我们在更广阔的地方找到了栖身之所，让我们理所当然地共同生活。

——奥黛丽·赫本

001. 钻石王老五，詹姆斯不是一般人

人生在世，关乎情字的关系很多，但概括起来无非三种：亲情、友情、爱情。其中，爱情所占的分量是最大的。所谓爱情，是指人与人之间强烈的依恋、亲近、向往，以及无私专一并且无所不尽其心的情感。

正因为爱情如此美好，所以才会让每个人都如飞蛾扑火一般去追求它，即使粉身碎骨也在所不惜。但奥黛丽告诉我们："爱情总是伴随着风险，我们应当维护爱情的实质——爱不是一时的冲动，而是长久的考验。"

或许是年幼时受到父母感情破裂的影响，奥黛丽从一开始接触爱情，便很理性。她的初恋发生在21岁那年。勒朋的爱慕不算数，充其量只是粉丝和女神的故事。

那时，她的舞蹈梦想破碎，正灰心丧气，但为了生活，她又不得不出去找工作赚钱养家。一个籍籍无名的小姑娘，想要找一份体面而高薪的工作谈何容易，幸亏她身材和外貌俱佳，于是去做了兼职模特。后来与联英影业签约，也只是饰演一些比如《少妇轶事》《双姝艳》等电影里的小角色。

而在当时，演员和模特在舞蹈界看来都是比较低下的职业。让一心想要做舞蹈家的奥黛丽去做这些职业，她心里的落差是很大的，但

为了生活，她没有选择的权利。她就像是一个灰姑娘找不到那双能够让自己变身公主的水晶鞋，只能穿着旧衣服满身灰尘地在厨房里做永远也做不完的家事。

灰姑娘穿上水晶鞋后与她的王子相遇，而奥黛丽的“水晶鞋”则是一部名为《神秘的人》的电影。在这部电影里，她饰演一个配角，这也是她生平第一次饰演一个比较重要的角色。奥黛丽独特的气质很快便引起众人的注意，在这些人中，有一个名叫詹姆斯·汉森的英国男子对她一见倾心。

詹姆斯·汉森 1922 年出生于约克郡的哈德斯菲尔德。这可不是一位寻常人。在网上我们可以搜索到他的人生轨迹：“1964 年，他与朋友合资创办汉森公司，并成为英国历史上首位年收入超过百万英镑的商业巨人。进入 20 世纪 70 年代后，他采取减免开支、严格生产制度等一系列措施，不断扩大公司业务范围，使公司逐步发展成当时全世界最大的跨国联合企业，而他也成为世界闻名的英国商业巨头。”

虽然后来的詹姆斯·汉森赫赫有名，但在与奥黛丽相恋时，他才 28 岁，尚年轻的詹姆斯·汉森没有奥黛丽后来的几位爱人有名。

不过，身为卡车制造公司的继承人，家境自然殷实而富裕，与奥黛丽相识的时候，他已经有高达数千万英镑的身家财富，所以詹姆斯也算得上是一位货真价实的钻石王老五了。我曾经看过詹姆斯·汉森和奥黛丽在一起的照片：两个人并肩站在飞机舷梯上，她清纯优雅，他绅士英俊，宛如一对金童玉女，极其般配。

002. 不为肤浅，只为寻一个安稳的寄托

奥黛丽并不是一个肤浅的女子，只凭外表帅气并不能打动她的心，詹姆斯·汉森不只是长得帅气，而且性格坚强，为人诚实可靠。

虽然出身富商巨贾家庭，但詹姆斯·汉森并没有那种市侩气息，也不是一个只知道花天酒地的纨绔子弟。虽然当时才 28 岁，但他却有比同年龄段男人更丰富的人生经历，在“二战”中，17 岁的汉森参军

入伍，他在赫赫有名的威灵顿公爵军团英勇作战，并随军团转战于北非、意大利和希腊等各大战场。他的这些经历足以勾起每一个花季少女的崇拜和爱慕之心，奥黛丽也不例外。

除了这些原因之外，还有最重要的一点，那便是本来有着“花花公子”之称的詹姆斯·汉森为了奥黛丽变得感情专一起来，这也是最打动奥黛丽少女之心的一点。

“我们相识于伦敦梅菲尔区 lesambassedeurs 餐厅的一个鸡尾酒会，那是一个非常时尚的地方，我们一下子被对方迷住了。凡是见到她的人，无不惊叹她的美貌、开朗和坚强。我邀请她第二天和我共进午餐，我们成了非常要好的朋友并互生爱意。她是一个感情专一的女孩，我们的心里只有对方。”

后来，詹姆斯·汉森回忆起自己与奥黛丽这段恋情时，嘴角挂着甜蜜的笑，看得出来，这份恋情虽然未能修成正果，但却让詹姆斯·汉森怀念了一生。难怪有人说，只要男女真心相爱，即使终了不成眷属，也还是甜蜜的。

爱是亘古长明的灯塔，它定睛望着风暴却兀不为动，爱就是充实了的生命，正如盛满了酒的酒杯。泰戈尔的这个观点一直为奥黛丽所赞同。

她说：“让这个世界转动的不是金钱，而是爱。与爱人的相处对于我们的心理、生理健康都大有裨益，而且它还是你努力赚钱的动力。爱情为我们在更广阔的地方找到了栖身之所，让我们理所当然地共同生活。”正是出于对爱的渴望，所以在与詹姆斯·汉森相识几个月后，她便与他订了婚。

那段时间，奥黛丽和詹姆斯·汉森像每一对陷入热恋的情侣一样，恨不得每时每刻都不分离。虽然奥黛丽正在演出《金粉世界》，但她只要一有闲暇时间便会出去与汉森约会，根本没有时间去琢磨台词和演技。

工作就是你付出几分，便会收获几分。由于奥黛丽把精力都用在了谈恋爱上，所以她的表演是不令人满意的。直到导演对她下了严格的命令，她才开始郑重对待。好在奥黛丽是一个很有实力的好演员，只要她努力，就一定会收到好的成绩，后来《金粉世界》的成功演出证明了这一点。

在和詹姆斯·汉森的交往中，奥黛丽发现两个人是如此合拍，她觉得汉森就是她理想的丈夫，会成为她的依靠和保护人，所以当詹姆斯·汉森向她求婚时，她毫不犹豫地答应了他。

然而，同汉森结婚却让奥黛丽面临着艰难的抉择：她刚刚获得担任百老汇舞台剧女主角的机会，正处于事业起飞阶段，结婚之后势必要在家庭和事业间做出抉择，而詹姆斯·汉森作为受传统观念影响深远的英国人，对妻子的期望更加保守。所以如果结婚的话，奥黛丽只能回归家庭，做一名相夫教子的夫人，她没有别的选择。

在从小就极度渴望正常家庭生活的奥黛丽眼里，比起一个家和一个值得托付终身的爱人来说，事业是那么微不足道。所以她决定放弃事业，与汉森结婚组建家庭。因此，当威廉·惠勒为了《罗马假日》的女主角约见她时，她打算弃约。

我们来假想一下：如果当时奥黛丽·赫本放弃了与惠勒见面，那么她将会成为汉森太太，每天穿着奢华的礼服、带着昂贵的首饰，陪丈夫出席各种上层名流的晚会；也可能因为丈夫打点生意太忙而无暇顾她，她就只能呆在豪华的大宅里寂寞度日。

以奥黛丽随和的性格，无论是这两种生活中的哪一种，她都会过得很好，因此她也不会承受离婚的痛苦。但真要是那样的话，银幕上将会少一个天使般的女神，人们也就得不到奥黛丽带来的视觉和心灵上的美的享受了。

003. 鱼和熊掌不能兼得，走向各自的远方

奥黛丽想要选择爱情，但有一个人不愿意，那就是她的母亲。艾拉夫人仿佛从这个选择中看到女儿的未来："她将会和自己一样，没有了自己的事业，经济上便不能独立，那么注定了一辈子都会受制于

丈夫。”因此她明确地对女儿说：“你必须以事业为重，不能生活在除了卡车就是马匹和猎狗的世界里。”

艾拉夫人知道惠勒是好莱坞有名的大导演，她凭直觉相信这个导演一定能给女儿带来好运，所以她执意要奥黛丽去见惠勒，母女两个为这件事情争执不休。

自从六岁父亲离开后，奥黛丽就一直和母亲相依为命。虽然母亲很强势，但她知道母亲很爱她，所以她不愿意让母亲失望。于是她最终去赴了威廉·惠勒的约会，也就是这一次会见，让她与《罗马假日》剧组签约，从此开始了她灿烂辉煌的星途。

虽然依随了母亲去赴约，但奥黛丽还是有自己的主见，她需要成家，需要有一个人来保护她。于是在《金粉世界》首演4天后，她还是和汉森宣布：《罗马假日》一拍完，他们就结婚。她甚至为此还订好了婚纱。

然而，随着《罗马假日》的完成并获得巨大成功，奥黛丽越来越忙。她很想飞往加拿大去看汉森，却抽不出时间来。这时，奥黛丽已越来越清楚地看到：自己根本不可能放弃已经上了路的电影事业，她不能结婚，至少现在不行。

还记得在《罗马假日》中，那位纯情的公主与记者两个人一见钟情。但为了她肩上担负的责任，她必须选择放弃爱情。奥黛丽在戏中做了艰难的选择，同时，戏外的她也陷入左右为难的选择中。

当做一个贤妻良母成为奥黛丽无法完成的任务时，她与詹姆斯·汉森的关系也变得紧张起来，无法消融的矛盾让两个人本亲密无间的感情产生了裂痕，这让奥黛丽很痛苦。

同时，艾拉夫人仍然坚持反对女儿和汉森结婚，继续对她施加压力。最终，疲惫不堪的奥黛丽彻底投降，在《罗马假日》的芝加哥首演式上，她宣布说，她与詹姆斯·汉森的感情成为了过去式。

在奥黛丽的几段感情中，这是最短暂的一份恋情，但詹姆斯·汉森却非常了解她，所以对于奥黛丽向外界宣布解除与他的婚约时，他没有丝毫抱怨，而是相当理解和体谅。他说：“她是一个意志坚强的女孩，非常清楚自己想要什么。我从来不怀疑她的未来会像花儿一样绽放。”

在这个社会上生存，女孩子本来就比男孩子要被动一些，这种被动最常见的便是表现在爱情和事业上面。很多时候，爱情和事业对男孩子来说可以兼顾，但对女孩子来说，爱情和事业往往会变成一道选择题。很多女孩都有鱼和熊掌不能兼得的痛苦，奥黛丽也是一样，只不过最终她做了选择，在事业和爱情之间，她放弃爱情，选择了事业。

但多年以后回头再看她的两次失败的婚姻，谁又能说她的选择究竟是对还是错呢？

二、爱情背后，一团泥沼

我想要孩子，两个、三个、四个，甚至更多的孩子。我会为了孩子和家庭放弃事业。

——奥黛丽·赫本

001. 善解人意，霍尔登的小情调

关于爱情，哲学家培根曾经说过一句话：“就是神，在爱情中也难以保持聪明。”所以才会有那么多人陷入爱情的泥沼中无法自拔，最后往往被搞得狼狈不堪。聪明如奥黛丽，也曾经陷入了爱情的泥沼里，但她很快便抽身出来，远离了爱情泥沼。

在和詹姆斯·汉森分手后，奥黛丽决定不碰爱情，她把所有的心思都放在工作上。而那时候《罗马假日》的成功上映在给她带来荣誉的同时，也给她带来了巨大的工作量，所以她无暇顾及爱情。这样的情形一直持续到她拍摄电影《龙凤配》，遇到威廉·霍尔登为止。

威廉·霍尔登于1918年出生于美国伊利诺斯州的一个富裕家庭，三岁的时候，他的家搬到了加州的帕萨迪纳，霍尔登的父亲是一名工厂药剂师，母亲是一名老师。长大后的霍尔登因为相貌英俊进入了好莱坞，是影城里不可多得的英俊男星。

除了相貌和演技俱佳外，年轻的霍尔登更是一位具有正义感的爱国青年，在“二战”中，他担任演员团体的副主席，率领演员们参加多种公民组织。他潇洒而不拘小节的风采和满腔的正义感使得他深受影迷的喜爱。

与奥黛丽相识的时候，霍尔登刚获得奥斯卡最佳男主角奖，正处于演艺事业的鼎盛时期。作为《龙凤配》中的男女主角，奥黛丽和霍

尔登有太多的搭手戏。戏中，奥黛丽饰演的司机之女深爱着弟弟戴维，这份爱简直到了痴迷的状态。而戏外却恰恰相反，饰演弟弟的威廉·霍尔登狂热地爱上了奥黛丽。

后来，在霍尔登的传记中，作者鲍勃·托马斯这样说道："朝夕相处的工作让他发现，奥黛丽是他心目中最完美最理想的女人。"其实，像奥黛丽这样优雅的女子，谁又会不爱呢？！

威廉·霍尔登身材匀称魁梧，男子气十足，是很多少女的梦中情人，曾经在网上看到关于霍尔登的一则报道：在1955年他来香港拍摄《生死恋》期间，给港人心中留下深刻印象，成为那个年代香港女性最熟知并喜爱的好莱坞影星，后来他只要来港，便会有数以万计的女影迷夹道迎接。从这短短的报道中，我们可以看出他在女人中受欢迎的程度。

但此时的奥黛丽刚从与詹姆斯·汉森的恋情中走出来，尚还未做好开始一段感情的准备。不过这对于霍尔登来说不是问题，他深信自己的魅力。在他和奥黛丽后来主演的那部电影《巴黎假期》中，他曾经说过一句台词："我以成熟圆滑的调情手段，让你爱上了我。"事实上，他们两个的很多朋友都认为，在他与奥黛丽的这段恋情中，他的确使用了这种手段，搅乱了奥黛丽的心，才会有了这段恋情。

不过，我总觉得除此之外，促成这段恋情的还有一个人，那就是在《龙凤配》中饰演戴维大哥的亨弗莱·鲍嘉。

由于鲍嘉对奥黛丽的演技不太认可，因此极力推荐自己的妻子担任该角色，但却被导演拒绝，鲍嘉为此很不愉快。在片场上，心怀情绪的鲍嘉不断挑剔找刺儿，片场一度为此停机。事后有记者为此采访奥黛丽是否会难堪时，她坦然回答："不会。"

生性随和的奥黛丽当然不会去计较，但每天面对一个怨气十足的人也不是一件愉快的事情，所以只要导演喊"停"，奥黛丽就会躲开去。霍尔登趁机邀请她去喝茶、听音乐，他们侃侃而谈、游玩嬉笑；他们驱车去郊外，在月光下放手提录音机，然后两个人翩翩起舞。

霍尔登善解人意的体贴和成熟的男人气概像是一壶陈年老酒，让奥黛丽逐渐沉醉其中。女人终究是感性的，一旦有某些情绪触碰到了自己内心最柔软的位置，她的认知会在瞬间来个大颠覆。

虽然奥黛丽此时尚没有打算接受爱情，但她却一直在等一个人，一个愿意和她牵手相伴到老的人，一个关心在意她的人，一个懂得珍惜她的人，一个与她相亲相爱的人。人们追求爱情，就是想要在爱情中获得幸福，而有个懂你的人，就是最大的幸福。这个人不一定十全十美，但他能读懂你，能走进你的心灵深处，能看懂你心里的一切。最懂你的人，他会默默守护你，心疼你，不让你受委屈。

在少女奥黛丽心中，霍尔登就是那个心疼她、呵护她的人，他的呵护和体贴让她很贴心，所以她很快便坠入情网，接受了霍尔登的爱情。

002. 面对混乱爱情，赫本式“快刀斩乱麻”

不过，理智的奥黛丽很快就意识到这段感情是一个错误的开始。

原来，霍尔登比奥黛丽大足足十一岁，早在认识奥黛丽之前，他就已经和别人结了婚，并育有一个女儿。后来他又离婚并与女演员布伦达·马歇尔结婚，还生育了两个儿子。如果奥黛丽要与他结婚的话，就必须面对他的妻子和儿女们。奥黛丽得知真相后，心中深感不安，她明白这段美好的爱情只不过是一个泥沼。

霍尔登是真心实意地爱着奥黛丽，这份爱一直在霍尔登的心底，以至于九年后，他和奥黛丽主演《巴黎假期》这部影片时，他紧张到无法自拔。他说：“我记得我为拍摄《巴黎假期》而抵达巴黎机场时，简直可以听到自己的脚步声在转机回廊里回响，就像死刑犯走上刑场似的。我明白自己要面对奥黛丽，还得管管自己酗酒的问题，而我恐怕两者都无法应付。”虽以年近半百，也有无数阅历，但在奥黛丽面前，霍尔登就像是一个情窦初开的小男孩一般忐忑不安。

霍尔登在得知奥黛丽的纠结后，他向奥黛丽解释，其实自己的婚姻已经发生危机，随时都会离婚。他也许诺，会给她一个稳固的婚姻。但奥黛丽是一个善良的人，她做事有自己的道德底线。她不会去做一个破坏他人家庭的人，做不出“把自己的幸福建立在别人的痛苦之上”

的事情来。虽然她喜欢孩子，但她无法原谅自己去夺取霍尔登孩子母亲的位置这种行为。

说到这里，我便再次想起现在社会上盛行的小三上位风。每天都会看到"某某女孩恋上某位已婚男，并成功逼对方离婚娶自己""某某已婚男抛弃糟糠妻娶小三"之类的新闻。这些女孩如果能像奥黛丽一样理智和洁身自爱，那么许多爱情都不会跨越道德底线，社会风气也会变好起来。

爱情的迷人之处在于它能让人安心，并衍生出无以复加的快乐。这份快乐是任谁都不舍得放弃的，一旦这份快乐无法得到，便会产生悲伤的情绪，所以才会有人为爱失落和哭泣的事情发生。虽然奥黛丽知道霍尔登并不是自己最合适的结婚人选，但她却舍不得舍弃这份感情。

爱情既是一道选择题，也是一种单一的信念，只要两个人携手一起，无论前方的道路如何，这份单纯、执着的爱就不会变。正是源于这种信念，奥黛丽决定不去追究霍尔登的过往，她想要与他走接下来的人生。所以当霍尔登与她讨论结婚的话题时，她积极地回应着他。

但这个男人接下来给了奥黛丽一个更大的意外。谈婚论嫁的时候，奥黛丽向霍尔登提到自己结婚后会要一堆孩子，因为她太喜欢孩子了，她觉得没有孩子的人生是不完整的人生。当她说到这个话题时，她惊诧地发现，一直侃侃而谈的霍尔登却沉默了。

在她的追问下，霍尔登期期艾艾地告诉她，因为已经有了三个孩子，所以他早就做了节育手术，这一生都不可能有孩子了。

他的话对于喜欢孩子如命的奥黛丽来说，不亚于引燃一枚炸弹，将她好不容易做好的心理建设炸得灰飞烟灭。她可以忽略掉爱人有过婚史，也可以不介意做继母，但她无法接受此生没有自己的孩子。没有孩子，她的爱无处安放。

奥黛丽的理智告诉她，虽然这份爱让她不舍，但这份爱是一个沼泽泥潭，陷进去的话，只能让她痛苦而且终身遗憾，她必须选择离开，于是她主动提出结束这份感情。在以后的日子里，她没有再与霍尔登有丝毫感情上的纠葛。

在感情上，她就是这样一个干脆利落的女子，能爱就爱，哪怕有一丝机会都会去争取；但不能爱就不爱，绝不拖泥带水。

九年后，奥黛丽与霍尔登再次携手银屏。因为不安和酗酒，霍尔登的状态特别不好，奥黛丽作为搭档和朋友，对霍尔登关心体贴，而当时奥黛丽的丈夫梅尔在西班牙的马德里参与《罗马帝国沦亡录》拍摄时传出绯闻，一些专门报导小道消息的专栏作者，就在他们所发表的文章里，暗指奥黛丽也故意和威廉·霍尔登旧情复燃以作为报复。

面对这些报道奥黛丽感到愤怒，并罕见地公开反击："是谁在我和霍尔登先生拍《巴黎假期》的时候开始说那些话的？唯一真正发生过的事，就是当他有一天把他那台昂贵的法拉利撞扁，然后拄着拐杖归来的时候，我像母亲对小孩那样稍微安慰了他一下而已。无论如何，我很高兴说的那个人现在得到所有人注意了。"

三、白头偕老只是一场梦

婚姻就像签长期合约，除非知道自己内心最深处的想法，否则不要答应任何人。

——奥黛丽·赫本

001. 人生若只如初见

《罗马假日》在伦敦上映的活动期间，艾拉夫人为女儿和她的工作伙伴们举行了一次招待会。在这次招待会上，奥黛丽认识了格里高利·派克的朋友，这个人在奥黛丽的感情生活中画上了浓墨重彩的一笔，他就是梅尔·费勒。

派克向奥黛丽介绍说，费勒是一个优秀的人，完全值得她去交往。对于派克的话，奥黛丽坚信不疑，俗话说“物以类聚人以群分”，派克是那样优秀正直，那他交往的朋友自然也是不会差。

梅尔·费勒1917年出生于美国新泽西州一个家境殷实的医生世家，他的父亲、哥哥和一个妹妹都是美国优秀的医生。不过，费勒最初的理想是成为一名作家。

在大学二年级赢得了一项编剧奖后，费勒决定投身艺术，他毅然从普林斯顿退学，前往墨西哥从事小说和儿童书籍的创作。回到纽约后，费勒从事了一年图书编辑的工作，并开始在百老汇音乐中担任舞蹈演员，由此开始表演生涯。后来他成为美国知名演员、导演兼制片人。

与费勒交谈之后，奥黛丽惊喜地发现他们之间有很多相似之处，比如身高，费勒看上去和奥黛丽一样高高瘦瘦，仿佛营养不良的样子；比如语言，他们两个人都会多种语言；比如血统，他们两个都是具有欧洲血统的混血儿；而且最重要的一点，是他们都是以舞蹈演员的身份进入演艺界。

在和费勒交谈中，奥黛丽还得知，他小时候患过小儿麻痹症，这导致他的左手臂瘫痪。不过，费勒依靠自己顽强的意志，恢复了四肢的灵动。当他挥动手臂向奥黛丽证明自己的话不假时，奥黛丽被他坚强的意志深深打动了。

更让奥黛丽惊奇的是，费勒不但演戏，而且出过书，做过制片人和导演。奥黛丽意识到，面前这个瘦瘦高高的男人是一个颇有才华的男人，她被他的才华所倾倒。

赫本与家人

当一个女人崇拜一个男人时，迷恋就产生了，随之而来的便是爱情。

而对于梅尔·费勒来说，第一次见面他就已经被奥黛丽的美好所打动，好莱坞记者拉迪·哈瑞斯是费勒的老朋友，他说："梅尔第一次见到奥黛丽之后，就再也不肯和她分开。"这句话道出了费勒对奥黛丽一见钟情的爱情。

虽然梅尔·费勒已经有过三次失败的婚姻，但这个难得的好女孩让他再次燃起对婚姻的渴望。奥黛丽就是这样美好，只要是与她相爱过的男人，都愿意为她放弃自由，心甘情愿地走进婚姻的围城。

只是两个人相识的时间太短了，他不敢冒昧地向奥黛丽求婚。不过费勒可是一个聪明人，他自然有他的办法。于是当奥黛丽拍完《龙凤配》后，他邀请奥黛丽与他一起排演歌舞剧——尚·季洛杜的浪漫幻想剧《翁蒂娜》。他想借这次机会靠近奥黛丽并走进她的心。

奥黛丽被费勒的艺术才能和中年男子特有的成熟魅力所倾倒，因此当费勒向她提出邀请时，她欣然答应了。

而她的这个决定让当时的媒体甚至观众们都迷惑不解，因为在大家看来，《罗马假日》的成功上映已经为奥黛丽在好莱坞的电影界铺开了一条璀璨的星光大道，她应该继续在这条路上走下去，而不是选择回到百老汇去演什么歌舞剧。后来大家才看懂，奥黛丽的选择只是为了爱情。

1954 年 1 月，奥黛丽和梅尔·费勒一起抵达纽约，两人住进葛罕旅馆的不同套房，他们为排演歌舞剧《翁蒂娜》做准备。虽然很多人都注意到他们出双入对，但大家都以为他们不过是同事及朋友，所以谁也没有在意。不过与演艺界稍有关系的人，都知道两人正在热恋。

002. 愿得一心人，白头不相离

奥黛丽和费勒的爱情之火愈燃愈烈，但这段爱情却并不被她的母亲看好。身为单亲母亲，艾拉夫人认为自己有责任为女儿将来的幸福生活保驾护航，因此她才会干预奥黛丽与汉森的爱情。

而这次女儿的选择依然让她不满意。因为费勒比奥黛丽要大 12 岁，而且还有过三次失败的婚史，这几段失败的婚史大大降低了费勒在艾拉夫人心目中的形象。她认为费勒是一个在感情上不稳定的男人，他无法给女儿想要的安定的婚姻生活。

为了女儿的幸福，她必须阻止。因此在奥黛丽和费勒到达纽约三天后，艾拉夫人从伦敦飞到纽约，与他们住进同一家旅馆，显然她是想要再次干预女儿的爱情。

不过，艾拉夫人很快便对费勒的印象有所改观。

作为好莱坞突然升起来的一个明星，奥黛丽要面对很多问题，隐私的保护、片酬的洽谈、工作量的强度等等。奥黛丽是一个个性温和大度的人，曾经有记者提醒她要争取自己的权利，因为《罗马假日》和《龙凤配》这两部电影加起来，她才获得2万多美元的片酬，高强度的工作量和低价的片酬明显不成正比。但奥黛丽却回答："最重要的不是钱，而是演好自己的角色。"

艾拉夫人最了解自己的女儿，她不会斤斤计较，更不会去精明地争取自己的权利。

但在这一点上，梅尔·费勒做得很好。他在与奥黛丽合作《翁蒂娜》时，不断地为奥黛丽的利益说话，他指导她如何去争取自己的权利。这在外人眼里看来，是费勒在控制奥黛丽，因此众人都很讨厌他，但艾拉夫人却理解费勒的良苦用心，所以她逐渐改变了对费勒的态度。

最终让艾拉夫人同意把女儿嫁给费勒的是这样一件事情：随着名气上升，奥黛丽的隐私也被不断曝光，随之而来的是恶意的谣言，这些让人头痛的事情加上她虚弱的身体无法承受高强度的工作，终于奥黛丽的健康崩溃了。医生建议她去瑞士休养，谁知到了那里，奥黛丽却被蜂拥而至的媒体所包围，她不知该如何面对和拒绝狗仔队的追踪采访，心情更加抑郁。面对这种情况，即使是很强势的艾拉夫人也手足无措，不知道怎么办好。

就在这时，是费勒当机立断让奥黛丽转移到他一个朋友的农庄里。大门封锁，来电被严格控制，只有他和艾拉夫人的电话才被允许进入。这里的医生给奥黛丽配置了专门的食谱，并严格管理她的作息。在费勒的严密保护下，奥黛丽很快恢复了健康。

不过，费勒却因为这件事情被媒体报道为专横粗暴，没有绅士风度。但从艾拉夫人的角度来看，费勒是在不惜牺牲自己的名誉来保护女儿，要知道作为一个演员，名声与生命一样重要，费勒这样做，显然是把女儿看得比生命还要重要。她想，这个瘦高个男人一定可以保护好女儿，因此她默许了两个人的爱情。

对于奥黛丽·赫本来说，1954年9月24日是一个值得纪念的日子。这一天是星期五。在瑞士布林根施托克的琉森湖湖畔，奥黛丽和梅尔·费勒在市政厅举行婚礼。隔天在一座13世纪的私人教堂进行简短的仪式，当婚礼进行曲响起时，奥黛丽身穿纪梵希设计的婚礼服，头戴白色花朵桂冠，拿着一束简单的白色花束，缓缓从门外走进来，那一刻，她是天下最美丽也最幸福的人。

在婚礼那天，一位记者采访奥黛丽她的健康是否恢复时，她笑颜如花，回答道："在纽约时完全崩溃，不过现在我已经好多了。"看得出来，与费勒在一起，奥黛丽是那样幸福和快乐。爱情是最好的良药，这话一点不假。

奥黛丽和费勒的儿子肖恩这样描述父母之间的爱情，他说，父亲费勒就像希腊神话中的皮格马利翁，一位善于雕刻的国王，最后爱上了自己雕刻出的一位少女。奥黛丽去世后，肖恩在《天使在人间》中回忆道："对母亲来说，虽然我当时还小，但是我依然记得父母在一起的一些事情。只要有时间，父亲和母亲就会亲自下厨，在家里共进晚餐，烛光、音乐、红酒，还有粉红色的餐布，那是一个个浪漫而迷人的夜晚。"

身为人妻的奥黛丽对这段婚姻、对丈夫都很满意，她曾经满怀感恩地对丈夫说："谢谢你，是你让我拥有如此完美的婚姻，是你让我拥有如此幸福甜蜜的时光。"在接下来的日子里，她一直心怀感恩地去对待这段婚姻。

心理学家弗洛伊德曾说过：一个人童年的经历会影响他的一生。由于在很小的时候，父亲的离家出走给奥黛丽的情感世界造成了很大的创伤，所以她的内心深处一直处于不安的状态。她自己也承认这一点，她说："在恋爱和结婚的过程中，我一直有遭到离弃的担忧，这种担忧萦绕在我的每段爱情中。人最怕失去的往往是最珍惜的东西，你害怕它会改变。"

但奥黛丽是一个勇敢而聪明的女子，她并没有因为害怕而放弃获得幸福的权利。她说："就像为什么我们在穿过街道时左顾右盼，因为我们害怕被撞到，但是我们还是要穿越街道。"

只是为了不被撞倒，她竭尽自己的所能。为了让丈夫开心，她改变自己晚睡晚起、随心所欲的坏毛病，养成早睡早起、科学饮食的作息习惯；为了能与丈夫在一起，她拒绝了很多片约，实在推不掉时，她也会要求与丈夫一起工作。因为她太担心他们如同好莱坞其他夫妻一样，由于时常分开拍片导致感情疏远而劳燕分飞。

003. 感情洁癖，从此萧郎是路人

正是因为不想与丈夫分开，所以即使刚经历流产的痛苦，奥黛丽也依然接受《战争与和平》中娜塔莎的角色，这是因为导演维多决定邀请她丈夫费勒出演剧中的安德烈王子。

其实，此时的奥黛丽对生活特别满足，她只想做一个好妻子，根本没有别的雄心，她觉得聚光灯的光芒远没有家里小台灯的光影让她感到舒服。但她知道丈夫渴望那个角色，《战争与和平》是一部气势恢宏的历史巨著，能够成为其中的男主角，是费勒梦寐以求的事情，为了费勒快乐，她愿意付出一切努力。

只可惜夫妻两个的合作，观众们并不领情。他们一边夸赞奥黛丽的演技活灵活现，一边又贬斥费勒演的安德烈太过于死板。这巨大的落差让费勒很是痛苦，面对优秀的妻子，他的心情开始变得沉闷起来。

其实凭心而论，费勒饰演的安德烈王子不温不火，情感爆发点也恰到好处，但只是奥黛丽的光芒太过耀眼，遮盖了他的优秀。梅尔·费勒是一个典型的完美主义者，在他身上体现了一位完美主义者的矛盾与统一。一方面，他追求极致；另一方面，由于这种过高的追求，他变得暴躁不安，极端情绪化。

与此同时，他们二人的性格差异也日益凸显。奥黛丽性格内向，安静，温和，理性，不喜欢体育运动；费勒精力旺盛，爱好广泛，急噪，武断。他们当初在瑞士安宁的乡村置产是因为奥黛丽喜欢这样的生活

环境，喜欢寒冷静谧的地方。同时为了满足费勒对阳光和大海的热爱，他们又在西班牙的海边山上买了一座小屋。这两座房子就像他们两个人，本来就只应该属于不同的经纬度。

奥黛丽是一个心思细腻的女子，丈夫的失落她看在眼里，急在心上。她想要分担费勒的压力，但随着儿子肖恩的出生，她需要接更多的工作来保障儿子以后的生活质量，所以她不得不打破自己的规矩，接一些没有费勒参演的片约。但即使在百忙之中，奥黛丽依然没有忘记丈夫，她小心翼翼地维护着费勒的自尊，一有机会就不惜一切去帮助他。只可惜奥黛丽的努力并没有取得好的效果。

随着《蒂凡尼的早餐》又一次国际性的成功，观众和评论似乎很轻易就认可奥黛丽不断新鲜出炉的角色。这一切对于梅尔·费勒来说并不完全好受，特别他是以艺术家自居。梅尔还在期待他的写作或是导演计划能开花结果，不过后来证明是徒劳。“妻子的光芒胜过自己，的确是问题。”梅尔承认，“制片人来电说想和我谈某部片子，其实是想以我为饵，钓出奥黛丽，我对这样的事总是很敏感。”

因为苦闷，费勒选择了出轨。其实时至今日，人们依然相信，费勒是爱着奥黛丽的，只是奥黛丽太过优秀，他觉得自己无法与这么优秀的女子匹配，所以自暴自弃，以此来舒缓心中的失落感。但他却忘了，奥黛丽不是别人，对感情有洁癖的她无法容忍任何一点形式的玷污，哪怕是打着分担压力的旗号也不行。

不过，奥黛丽是舍不得这段感情就此结束的。为拯救婚姻，在拍完《盲女惊魂记》并凭此片获得第五次奥斯卡影后提名之后，奥黛丽宣布息影，表示将把精力用于家庭。

但奥黛丽的努力最终徒劳无功。1967年9月1日，奥黛丽和费勒宣布离婚，13年的婚姻画上沉重的句号，这个宣布也证明了他们两个想要白头偕老只是一场梦。

从婚姻这场梦醒来的奥黛丽身心俱疲，她的体重掉到仅有42公斤。但她并不后悔这个选择，因为对待感情，奥黛丽有自己的宣言，她说：“婚姻就是两个相爱的人决定共同生活。不管他们是否签订合约，他们之间都有出于信任和尊重而建立的神圣婚约。对我来说，结婚的唯一理由就是如此。如果不能在情感上或肉体上满足我的丈夫，或者他认为自己需要其他女人，我就不会抓住不放。我不是那种纠缠不清、让对方难堪的女人。”

多年以后，奥黛丽患癌去世，费勒去参加她的葬礼。望着奥黛丽安静的面容，费勒老泪纵横。当时光不再，辉煌不再，他心里终会明白，与奥黛丽的这段婚姻才是他最珍贵的回忆，他也一定很后悔当初自己出轨，伤害了自己最心爱的女人。

四、没有谁对谁错，只有契不契合

不管怎样，一段婚姻的结束证明两个人的灵魂不够契合，当两个灵魂无法融合在一起时，大家只是感到悲伤，谈不上谁对谁错。

——奥黛丽·赫本

001. 时髦的“闪婚一族”

现在社会上流行“闪婚”，只要两个人一见钟情，便在短时间内商谈婚嫁。虽然闪婚弊病很多，并不值得提倡，但很多年轻人都以此为时尚。事实上，早在 20 世纪五六十年代，就有闪婚族出现，我们的女神奥黛丽就是闪婚一族。

在与丈夫费勒离婚之后，奥黛丽陷入极大的痛苦中，她是那么想要一个完整的家庭，为了这个家庭，她付出了很多时间和精力，但最终却没能躲过破裂的命运。这次婚姻的失败对奥黛丽打击太大，她颓废而沮丧，迷茫中，她看不到人生的方向。

有人说，摆脱沮丧和痛苦最好的办法，便是出去旅游。在广阔的天地间，任何个人的痛苦都能被淡化。朋友们想要利用这个办法来帮助她，于是邀请她去希腊旅游。奥黛丽也知道自己一直陷在离婚的痛苦中是不明智的选择，她需要自救，于是便答应了朋友的邀请。

1968 年秋季的一天，一艘豪华游艇在散发着粼粼波光的蔚蓝色爱琴海上平稳地行驶着。甲板上，奥黛丽与朋友们观赏爱琴海上的绚丽风光，朋友们对这些美丽的景色惊叹连连，要知道这可都是希腊神话传说中描述的风景啊。

但即使在美丽的景色面前，奥黛丽依然紧蹙眉头，她心灵的苦闷和迷惘并不能藉此而消散。不过，奥黛丽的注意力很快便被一股活跃的气氛吸引了过去。

创造这股活跃气氛的是一个金发碧眼、相貌俊美的高个男子，他身上有一股罗马式的贵族气息，令人瞩目。他谈吐诙谐，风趣幽默，只要他出现的地方，总是能刮起一阵强劲的快乐风。这股快乐风慢慢驱散笼罩在奥黛丽心头的离婚阴霾，她对这个男子充满了兴趣。

这个男子便是安德烈·多蒂。后来奥黛丽才知道，他出生于罗马一个富有的多蒂家族，难怪他身上有一股与生俱来的贵族气息。不止这些，他还博学多才，虽然才年仅30岁，却已经是著名的心理学家，而且他具有多重身份，即是罗马大学的教授，还与人一起创业行医。这些都表明，他是一个优秀的男人。

奥黛丽对多蒂产生兴趣时，多蒂也注意到同船这个忧伤温柔的美丽女子，当他得知她就是曾经扮演《罗马假日》里面那个公主的奥黛丽时，他欣喜不已。他告诉奥黛丽，自己是她的忠实影迷，他还告诉奥黛丽一件有趣的事情，在他14岁那年，看了奥黛丽主演的《罗马假日》后，他跑去对母亲说："等我长大了，我要娶那个漂亮的女演员。"

多蒂的话逗得奥黛丽开怀大笑，在笑声中，两个从未见过面的人变得像多年的老朋友一般熟悉自在。

虽然已不是那个青涩的少年，而且意大利人风流浪漫的个性也让他阅历美人无数，但成熟妩媚的奥黛丽依然让多蒂怦然心动。他在得知奥黛丽正深陷婚姻失败的痛苦中后，迅速向她展开猛烈的攻势。而奥黛丽对这段一见钟情的爱情不但不反感，反而欣然接受，一段轰轰烈烈的浪漫史由此拉开序幕。

多年以后，还有人对这段爱情的发生感到奇怪。安德烈·多蒂是一个风流的意大利人，而且奥黛丽又是他少年时期的梦中情人，他的爱情来得快并不足为奇。让人不解的是，奥黛丽竟然也接受了他的爱情。

按理说，奥黛丽在感情上是一个很理性的人，从她处理汉森和霍尔登之间的爱情便可以看得出来，她对待感情是很慎重和理性的。她怎么会答应和一个才认识几天、毫不了解的男子相爱呢？

其实，奥黛丽之所以会如此仓促地答应多蒂，与她的第一段婚姻有很大的关系。因为第一段婚姻受挫，奥黛丽内心十分沮丧和脆弱，异常苦闷和迷惘的她感情无处寄托。突然遇到风流倜傥的多蒂，他的甜言蜜语让本就失去理性的奥黛丽晕头转向，于是将他当成疗伤对象。

多年以后，当她被多蒂的风流浪荡伤得体无完肤时，不知梅尔·费勒有没有因为自己给她造成这样的磨难而有内疚感？！

002. 多蒂并非一无是处

奥黛丽和多蒂突然相爱本就让人惊诧，更让人惊诧的是他们才相识三个月，便开始谈婚论嫁起来。所有关心奥黛丽的人中，有一多半都反对他们结婚，因为他们认为他们两个不是同路人，结婚之后不会有幸福可言。

首先站出来的是奥黛丽的母亲艾拉夫人。艾拉夫人告诉女儿："无论他多么有教养和成就，无论是不是同路人，就凭着他比你小九岁，就根本不可能。"到后来，甚至安德烈·多蒂的亲人们都看不下去了，他的一个哥哥建议奥黛丽："不要嫁给他，先和他在一起试试看。"

但深陷爱情中的奥黛丽根本听不进母亲和朋友们的劝告，执意要与多蒂结婚。她说："你们知道被掉落的砖头打到头的滋味吗？这是我对安德烈的感觉，它真是突如其来，但我很喜欢这种被爱的感觉，就在我对爱情几乎已经放弃的时候，它又降临在我身上，我好快乐啊。"

谁也无法阻挡一个人追求快乐的权利，而且最难得的是，这份快乐能帮助奥黛丽从婚姻的失败中走出来。因此虽然大家认为这门婚姻太过草率，却再也没有阻止奥黛丽。

圣诞节前夕，奥黛丽与费勒低调地办理完离婚手续，便回到罗马同多蒂及其家人共度圣诞节，同时两人订婚，多蒂拿出红宝石订婚戒指送给奥黛丽。1969 年第一个礼拜，他们在托洛肯纳兹乡下邮局贴出他们的结婚预告。虽然知道很多人反对，但奥黛丽依然希望收到大家的祝福。

1969 年 1 月 18 日，距离奥黛丽和梅尔·费勒正式离婚的六个星期后，奥黛丽和安得烈·多蒂在瑞士摩吉斯附近的市民大厅举办结婚典礼。

天空飘着毛毛细雨，奥黛丽身穿纪梵希为她设计的粉红色针织连衣裙，披着头巾，手捧一束鲜花，挽着多蒂接受了人们的祝福。

奥黛丽十分珍惜这来之不易的感情。她精心照料自己的丈夫和孩子，他们的生活如田园诗般优美，两人的娱乐是看电影、去夜总会和豪华俱乐部，有时他们去某位伯爵夫人家拜访，有时去高价舞厅跳舞。

曾经看到一张奥黛丽和多蒂带着肖恩一起去逛罗马市场的照片，多蒂左手牵着肖恩，右手揽着奥黛丽，三个人脸上都挂着笑，目光望向同一个方向，从照片可以看出来，这个家庭的每一个成员心中都洋溢着满足、幸福和愉悦。

虽然后来多蒂因为浪荡让奥黛丽伤透了心，多蒂也因此饱受诟论。谁又能说，他们在一起的日子里，奥黛丽没有幸福过呢？

婚姻生活如人饮水，冷暖自知。不能与当事者生活在一起，谁又能真正看懂一对夫妻是否真的快乐与否。多蒂再怎么不好，但他身上肯定也有些东西让奥黛丽心动，因为能够让奥黛丽欣赏并托付的男人，一定有他的人格魅力所在。

就连肖恩也在回忆录中称赞这个饱受世人唾弃的继父是一个好父亲。只是他在对待婚姻和性自由这两个问题上的态度让人无法苟同罢了。而多蒂当时可能也没有预料到，自己一直引以为傲的风流自由会最终毁了自己和奥黛丽的这段婚姻，也让自己声名狼藉。

003. 向花心丈夫说“不”

无论多蒂多么讨人厌，但在这段婚姻的最初，奥黛丽是很幸福的。她也为经营这段婚姻做出了最大的努力。“我一直在做一个女人应该做的事情。我并不认为我抢夺了任何人的任何东西……可是作为一个忙碌的女演员，我也许抢夺了自己的家庭：我的丈夫和孩子没有得到他们应得的关注。”

奥黛丽吸取第一次婚姻失败的教训，对纷至沓来的片约视而不见，她说：“我已嫁给了一个我爱的人，愿意按他的日程表生活了。为什么还要重新去工作？去过那种我不想过的生活呢？”

奥黛丽把自己的全身心都投入到新的家庭生活中去。她脱下纪梵希的精致套装，摘下白色的手套，穿着牛仔裤与白衬衫在罗马城里自在地走动，没有人会注意到她。这让奥黛丽很放松，也很快乐。她放下巨星的身份，努力学习做一个医生太太，她每天早晨亲自起床给丈夫做早餐，陪他一起上班，帮他给病人量体温。这些都是奥黛丽以前从来没有想过的事情，但现在她却心甘情愿地为他做着这一切。

没多久，奥黛丽便惊喜地发现自己怀孕了。奥黛丽喜欢孩子，当初正是因为霍尔登无法生育，她才放弃了那段感情。虽然已经有了肖恩，但却远远不能满足她做母亲的愿望，她想要一堆孩子。

只是这次怀孕与上次有所不同的是，她除了欣喜，还有一丝担忧。她担心因为不是同一个父亲，所以这个孩子的降临会让肖恩难过和失落。好在后来这种担忧并没有真的发生。而奥黛丽一心只想着孩子们关系是否融洽，却没有意识到这个孩子的到来会让他们夫妻之间的感情发生裂痕。

由于奥黛丽是易流产体质，所以医生建议她卧床静养。为了孩子的平安诞生，奥黛丽选择回到适宜居住的瑞士静养保胎。安德烈·多蒂送她回到瑞士，把她安顿好后，多蒂便回到罗马继续自己的生活。

因为没有了妻子在身边，多蒂仿佛在一夜间又回到了单身时代，他开始了频繁的社交，一如未和奥黛丽结婚之前那样。

虽然已经息影，但媒体一直在关注着这位巨星的生活。他们拍摄到安德烈·多蒂和一大堆香艳女演员彻夜厮混的照片，整个罗马都知道安德烈·多蒂彻夜流连忘返于夜总会和脱衣舞厅。

这些新闻上了报纸头条，并很快传到奥黛丽耳朵里。多蒂也许从未想过，他视为快乐的社交活动，却让妻子奥黛丽难堪和心碎。

尽管奥黛丽知道丈夫的社交活动，但她最重要的任务是保住孩子。1970 年 2 月 8 日，奥黛丽生下了儿子卢卡·多蒂并回到罗马，他们的婚姻也暂时恢复了平静。

不幸的是，意大利的狗仔队并没有放过奥黛丽，让她平静地过正常的家庭生活。他们在奥黛丽身上找不到新闻，便紧盯多蒂不放。而这个风流浪荡的男人虽然拥有美妻娇子，却依然像单身汉一样流连花丛，夜夜笙歌。面对丈夫不绝于耳的风流韵事，奥黛丽选择了隐忍，并将所有感情寄托在孩子们身上，并试图用宽容收回丈夫的心。

但娱乐媒体一直以揭露人家隐私为乐，他们从来没有去考虑当事人的感受。而天天都看到报纸头版报导这些绯闻让奥黛丽不堪忍受。终于，有一天早上，她生气地对安德烈说，她已经忍无可忍了。奥黛丽对这段婚姻彻底死心，于 1981 年黯然结束第二次婚姻，她再次选择了独身。

这段婚姻让奥黛丽对爱情颇有感叹，她说："爱情并不可怕，可怕的是爱情的枯萎和变质。经历过一切之后，我才意识到原来它可以残酷地扭曲你的生活，粉碎你的人生。"这两次婚姻的失败让奥黛丽非常失望，幸运的是她后来遇到了罗伯特，她与罗伯特之间的感情让她重新燃起了对生活的希望。

不过，奥黛丽始终就是一个大度的人，虽然安德烈·多蒂重重地伤害了她，但她在离婚后仍然和多蒂保持很好的朋友关系。在她看来，不管怎样，一段婚姻的结束证明两个人的灵魂不够契合，当两个灵魂无法融合在一起时，大家只是感到悲伤，谈不上谁对谁错。

五、与一切错误说拜拜，才能邂逅灵魂伴侣

我花了好长时间才找到像他这样的人，但是相见恨晚总比永不相见好。如果我在18岁的时候遇见他，我一定不会喜欢上他。也许每个人都会有这样的感觉。但如今，我已经找到精神上的双胞胎，我愿意与此人共度一生。

——奥黛丽·赫本

001. 付出友爱之心的人，运气不会太差

“要怎样来总结我这一生呢？我想我是非常幸运的一个人。这是不是和信仰有那么一点儿关系？妈妈常常对我说：‘天上不会掉馅饼。虽然上帝非常慷慨，但他期望你先做好自己应做的事情。’所以，人要努力。每当一个困难的时期过去，或者付出巨大的努力之后，我总能……怎么说好呢……付出总会有回报。”虽然这句话是奥黛丽·赫本在谈论自己的人生历程时说的，但这句话用在她的感情上也很合适。

当与安德烈·多蒂的婚姻宣告失败之后，奥黛丽的情绪再次跌落到谷底。她沮丧又难过，每日里郁郁寡欢，恍惚出神。

虽然在她和多蒂决定结婚时，很多朋友都反对。但当奥黛丽的婚姻失败时，他们没有趁机显摆自己当初的预断是多么正确，而是向她伸出温暖的双手，用友谊来驱散婚姻给她带来的阴霾。

在众多朋友的邀请中，奥黛丽接受了老朋友康妮·沃尔德的邀请，去往她位于比弗利山庄的家里散心。奥黛丽到了那里才知道，沃尔德不只是邀请了她一个人，还有另外一个客人。

奥黛丽和这个身材高大、相貌俊挺的客人并不熟，但她和他的妻

子熟识。他的妻子是著名的大美人、声誉卓著的好莱坞影星曼尔·奥勃朗。他则是曼尔·奥勃朗的第四任丈夫罗伯特·沃德斯。

第一眼看到奥黛丽的时候，罗伯特有些愣神，因为她和曼尔·奥勃朗太相似了，无论是高高的颧骨、微吊的眼梢，还是纤细的身材，都能找到相似之处。只可惜曼尔早在一年前就因病去世了。

罗伯特突然看到这样一个与妻子神似的女子，惊喜万分，下意识中与她有了几分亲近之感。虽然只是初次见面，但罗伯特愿意向奥黛丽敞开心扉，让她看到自己因为丧妻而无法自拔的痛苦。

同为好莱坞著名的影星，奥黛丽自然知道曼尔的死讯，只是她没有想到，世上还有这么执着一份感情的男人，她被罗伯特深沉的感情打动了。因此当罗伯特毫不设防地向她展示自己的脆弱和痛苦时，她愿意付出友爱之心。因此奥黛丽把自己的痛苦放在一边，耐心地倾听和分享他的悲痛。

试想，如果奥黛丽只顾自己的烦恼，而不理罗伯特的倾诉的话（当然，一个女人苦心经营近十年的婚姻破裂了，又怎么能指望她心情好到去照顾别人呢），那么两个人也就不会再交往下去，结局可想而知，两个人都会孤独终老。

如果说前面四位男友都是首先因为奥黛丽的青春美丽对她一见钟情的话，那么罗伯特则不是如此，他更爱她的灵魂。因为此时的奥黛丽已经51岁，虽然容颜依然美丽，但却已青春不再，罗伯特爱上奥黛丽，说明这样一个道理："那就是一个女人的美丽不在于外表，真正的美丽在于一个女人的灵魂深处，在于亲切的给予。"

正是因为奥黛丽愿意付出友善和关爱打动了罗伯特的心，才会有两个人的走近，并相知相恋，也才会有后来的12年灵魂伴侣相伴。一个付出友爱之心的人，运气总是不会太差。

002. 生命中，可遇不可求的"心有灵犀"

随着交谈的深入，奥黛丽惊喜地发现，虽然这个男人比自己小七岁，但他们有太多的相同点。他们都是荷兰人，都具有荷兰人独有的气质；他们都经历过残酷的"二战"，当11岁的奥黛丽在荷兰的阿恩海姆企盼战争结束时，四岁的男孩罗伯特也在离阿恩海姆不远的村庄等待着；他们有着一样的黑眼睛，对事物有着同样的敏锐，都喜欢看书，对人生的看法和对世界的关注点都一样。

共同兴趣和爱好，加上童年共同的经历，让奥黛丽和罗伯特交谈起来毫不费力地就可以触及到心灵层面，一个凝视、一个神情，对方都能心领神会，知之甚深，奥黛丽知道，这就是"心有灵犀一点通"。这是她与费勒抑或是多蒂沟通交流，都无法达到的境界。

奥黛丽本就是一个心思细腻的女子，她更注重精神生活，因此对灵魂伴侣的渴求很大。那种渴求就像内心有一精神花园，时刻盼望在这世上有一人能探得其门而入，与她共享悲喜，共叙情怀。虽然她名声显赫，爱慕者无数，却一直无人能够有这种能力。而今罗伯特做到了。

奥黛丽发现自己深深喜欢上了罗伯特，她说："我花了好长时间才找到像他这样的人，但是相见恨晚总比永不相见好。如果我在 18 岁的时候遇见他，我一定不会喜欢上他。也许每个人都会有这样的感觉。但如今，我已经找到精神上的双胞胎，我愿意与此人共度一生。”

可以这样说，从父亲遗弃她那一刻起，奥黛丽就一直渴望有人能够在心灵上慰藉她，拥抱她。而母亲艾拉夫人的强势又让她的情感得不到自然流露，所以她渴盼有一种关系能够让她的情感自然流淌。

只可惜梅尔 · 费勒和安德烈 · 多蒂都不是这样的人，他们爱她，但费勒的强势和多蒂的花心注定他们无法在灵魂上与她交融。虽然奥黛丽一直在努力，但其中的距离总是无法克服。

后来所有人都注意到这个问题，她的儿子肖恩曾经这样总结道：“母亲总是全身心投入地爱着她的丈夫，她尽了自己的最大努力去维系这两段婚姻。她所犯的错误只是她没有在恰当的时候去倾诉自己的感情，同时聆听别人的心声。在主动和被动之间，母亲没有找到一个合适的分界点。”

其实这不是奥黛丽的错。如果是两个心灵相通的人，就根本不存在“恰当的时间”这个问题，就像奥黛丽和罗伯特之间一样，他们是不需要主动和被动的，因为他们两个气场相投，都既是对方的倾诉者，也都是对方的聆听者。

003. 为什么说他是灵魂伴侣

在 1980 年底，罗伯特搬进和平之邸时，他见到了奥黛丽的母亲。此时的艾拉夫人已经卧病在床，但她坚持出席欢迎罗伯特的晚宴。她对罗伯特表达欢迎之情，并告诉他，很高兴他们两个能够相亲相爱。

艾拉夫人从小抚养女儿长大，她最了解女儿需要什么样的伴侣，也最清楚什么样的男子才能带给女儿快乐和幸福。她看到罗伯特身上有费勒和多蒂所没有的品质，那就是温厚与平和，并且他懂得珍惜。

男爵夫人知道，自己的女儿虽然是一个名扬四海的巨星，但退去那层光芒，她也是一个敏感柔弱的小女人，她需要有人来珍惜。费勒和多蒂正是因为不懂得珍惜，所以他们的婚姻之船才会触礁。

罗伯特之所以珍惜奥黛丽，是因为他懂她。他说："奥黛丽虽然生性幽默，但就像《修女传》中的路加修女一样喜欢思索反省。这部影片和剧中角色最像她在骚动混乱中的时刻，在她面对难解的困境时。"奥黛丽去世之后，罗伯特悲痛到再也无法观看那部影片，因为在影片中，他仿佛感觉她还活着，但事实上她已经不在了，这一点让他无法接受。

奥黛丽说罗伯特是她的灵魂伴侣，一点都不假。他不但和她精神交融，而且还帮助奥黛丽改善与母亲一直紧张的关系，消融她与父亲之间的生疏和隔膜。这一点是除了罗伯特之外，任何人都无法做到的（梅尔·费勒当初也曾为此做出过努力，但他能帮奥黛丽找到父亲，却无法消融他们之间的隔膜），包括奥黛丽自己。

因为被丈夫遗弃的缘故，所以艾拉夫人希望女儿能够独立，因此在生活中总是扮演着严母的角色。但她的强势却让奥黛丽很痛苦，所以母女两个之间的关系一直都很紧张。虽然几十年来母女两个一直相依为命，但两个人经常会产生摩擦。这个问题在奥黛丽经历两段婚姻后都没有得到解决。

但自从罗伯特加入到奥黛丽的生活中来，这个问题迎刃而解。艾拉夫人不会在女儿面前表达自己的感情，所以她叫罗伯特做桥梁，传达她对女儿的关心和爱。有了罗伯特在中间做润滑剂，奥黛丽和母亲的关系变得日益融洽起来。能够与母亲和谐相处，是奥黛丽最开心的事情，因此她很感激罗伯特为她们之间的改善所付出的一切。

在奥黛丽的生命中，还有一个重要的人，那就是她的父亲。因为从小被遗弃，所以奥黛丽与父亲的关系很淡漠。虽然后来梅尔·费勒帮她找到父亲，但父女两个就像是陌生人一样客套和有距离感。撕裂的亲情像是被一座大山横亘在中间的河水，永远无法融汇在一起。

是罗伯特改变了这一点。在奥黛丽与罗伯特交往后不久，就传来了父亲病重的消息，医生说他坚持了不了太长时间。于是罗伯特陪同奥黛丽去看望他。但因为多年的隔阂，所以尽管父亲能够说 13 种语言，他却始终无法与奥黛丽很好地交流。他只是告诉罗伯特，母亲对他而言是多么的重要，他为自己当年没有能够更好地扮演父亲的角色而感到多么的后悔，而如今，他为自己的女儿感到非常骄傲。

罗伯特把父亲的话转达给奥黛丽，虽然奥黛丽很早以前就表示原谅了父亲，但听了这番话后，她才从内心深处彻底放下曾经因父亲的遗弃所受到的伤害。

奥黛丽从小到大，做梦都希望与父母在一起过温馨的生活，但因为母亲的强势与父亲的感情表达无能，几十年来一直未能如愿。而罗伯特的到来让她感受到来自父亲和母亲的关怀和爱，她渴盼寻觅的一生终于得到了圆满。

在罗伯特·沃德斯的照顾下，和平之邸的安适岁月是奥黛丽一生中最快乐的时光。在她眼里一个完美的晚上就应该是："早早地吃完晚饭，跟我的小狗一起去花园散步，看一会儿电视然后早早地上床。我的家非常的惬意，我真的爱它。"

但事实上，在和奥黛丽生活的12年里，罗伯特远不止做到了这一点。他还引导奥黛丽把目光投向世界，投向那些需要关怀和爱的孩子。肖恩说："据我所知，是罗伯特·沃德斯向母亲介绍了联合国儿童基金会的宗旨和工作，并且在多年来他们一同为联合国儿童基金会工作。"

1987年10月，奥黛丽和罗伯特一同前往澳门参加了一个为联合国儿童基金会募捐的音乐会，她对孩子们发自肺腑的爱深深打动了当时联合国儿童基金会的高级总裁詹姆斯·格兰特，格兰特先生当即向她发出邀请，希望她能够担任联合国儿童基金会的亲善大使。

奥黛丽在和罗伯特商议后接受了这个邀请。从此，奥黛丽开始了她作为亲善大使的人生。她把全部精力用于儿童慈善事业，而她的精神世界也因此变得更加充实。

1993年1月10日，在罗伯特的搀扶下，奥黛丽最后一次走进花园，她恋恋不舍地抚摸着每一株植物，仔细地告诉罗伯特它们各自不同的养护要求。10天后的清晨，她在睡梦中安详地去世。因为罗伯特，奥黛丽度过了平静和美的晚年。

第六辑　走进赫本的灵魂

——一个充满爱的世界

随着岁月增长，你会发现，你有两只手，一只帮助自己，一只帮助他人。

——奥黛丽·赫本

我们两人都来洛杉矶，肖恩留在家里（掉泪），因为他不肯离开新学校和朋友。这对他是最好的决定，但对我们是一种折磨……我真渴望回家，陪他待在那里！

——赫本密码

一、可遇不可求的亦师亦友亦兄长

我首先要感谢的是格里高利·派克，我今天的成就是他给我的。

——奥黛丽·赫本

001．派克，引导她登上事业巅峰的人

在奥黛丽·赫本的生命中，有一个男人必须提到，他就是格里高利·派克。关于他们两个之间那个蝴蝶胸针的故事脍炙人口，这个故事太唯美，也太让人惆怅。

每个看过《罗马假日》的人都会说，他们两个真是天造地设的一对啊！很多人问，一个是正直、高雅的彬彬绅士，一个是优雅、高贵的纯情公主，他们是那么般配，但为什么却没有造就一段好姻缘呢？

每个人都知道，派克是爱着奥黛丽的，因为他曾经在采访时坦率说道："她从不说人坏话，道人长短，她的个性很好，我想让大家知道这一点。她没有这一行常见的笑里藏刀、蜚短流长那种个性，我很喜欢她，其实我爱她，要爱上她实在太容易了。"

正是这句话，让世人对他们之间的感情充满无数遐想，也才会因为他们没有在一起而衍生出无限遗憾。但却很少有人注意到他们之间的这份情意虽然近似爱情，却有比爱情对于奥黛丽更为重要的成分。

奥黛丽与派克相识在《罗马假日》的招待会上。那时候，奥黛丽还只是一个初出茅庐的小女孩，而派克却已经是一个大名鼎鼎的好莱坞巨星。虽然奥黛丽在此之前从来没有见过派克，但他却是她崇拜的偶像。说到这里，咱们有必要简单地介绍一下格里高利·派

克这个人。

格里高利·派克1916年出生于美国加州，身高1.91米，相貌英俊。五岁的时候，因为父母离异，派克被送去和祖母一起住。1942年在埃默林·威廉的舞台剧《清晨之星》中第一次登场，从此开始了他的演艺事业，并在1946年获得了奥斯卡提名和金球奖。

除了演艺事业之外，年轻的派克还热心公益事业，他为人严肃正直、和蔼可亲，因此无论是在公益界还是在影视界，派克都享有很高的声誉。而且，派克还是一位人道主义者，他同情黑人，同情弱小的国家和民族，反对种族歧视，还在反法西斯战争中身体力行。在感情上，派克更是一位严肃专一的男人。好莱坞有很多名气很大的男明星，但他们一般在感情上都不怎么样，唯独派克，从来没有闹过绯闻。

无论是在荧屏上还是在现实生活中，他的感情和人品始终表里如一。因此所有人都崇拜他，把他当成偶像。而奥黛丽生性高洁，对于这样一位德艺双馨的前辈，她自然崇拜得很。

在他们初次见面时，奥黛丽被派克的气场慑服得完全说不出话来，她有些手足无措，只是怔怔地望着他。当她发现派克也在注视自己时，她腼腆地微微垂下眼睑，笑了，那笑中有几分喜悦，有几分羞涩，有几分敬畏，还有几分胆怯。

这个温柔的笑容在瞬间打动了派克的心。我想如果派克精通中文的话，他一定会在那一刹那想起徐志摩的那句诗："最是那一低头的温柔，像一朵水莲花不胜凉风的娇羞。"

在接下来的交谈中，派克明白，这位姑娘一定会成为一名光芒四射的巨星。不过，他也看出这位女孩缺乏自信。身为一名事业成功的男人，派克最懂"自信是一个人取得成功必须要具备的一项心理特质"。所以他暗暗决定，一定要帮这个女孩找到自信。

002. 他是依靠、安定、温暖的代名词

拍摄《罗马假日》的时候，恰好是罗马有史以来最热的时候，而且到处充斥着噪音，更有无数的围观者指指点点。比这些还可怕的是，由于流血政治事件导致城里恐怖活动不断，机枪声、爆炸声，随时都在耳边响起。这些客观原因给还是荧屏新人的奥黛丽造成很大的困扰，有时候她紧张到根本无法进入状态，导致一个镜头拍摄五六十遍之久。

因为他们是男女主角，所以每次奥黛丽没有通过时，派克也必须陪她重来一次、再重来一次……派克当然也是又累又乏，但他从来没有一句怨言和牢骚话，而是细心地引导她，耐心地陪着她。

派克所做的一切都发自内心，没有任何目的性，所以一切都显得那么自然。这种自然对奥黛丽相当重要，她说："派克总让我觉得很自然，我很快就学会放松自己，由派克和惠勒带我入戏，而他们从未让我失望。"

当世人折服于银幕上那个美丽的公主遇到问题和危险表现得如此泰然自若时，只有奥黛丽自己最清楚，这一切都要归功于派克，是他的细心引导和耐心陪伴成就了自己饰演的这个公主角色。

派克说在《罗马假日》中自己永远都只是一个配角，但奥黛丽却不这样认可。因为她知道，如果没有格里高利·派克在幕后那么全心全意地帮助和引导，她永远也不可能塑造出如此优雅高贵、惊艳世人的公主来。因此在她凭借《罗马假日》荣获第26届奥斯卡最佳女演员奖时，她手举奖杯，对着媒体大声说："我首先要感谢的是格里高利·派克，我今天的成就是他给我的。"

如果说在演戏的时候，派克像个老师一样谆谆教诲她、无私地哺育她演戏技巧和知识，那么在生活中，派克则像一个父辈兄长一样爱护和体贴她。

在拍摄期间，总会有一些娱乐记者把他们两个的交流与爱情扯到一起，这让奥黛丽又急又气。派克有妻室，她可不想因为这些绯

闻让派克的家庭不安宁，而且最重要的是派克从来没有任何绯闻，她是那样敬重和爱戴他，她可不想因为自己的缘故让派克名誉受损。

在娱乐界多年的派克对那些小报记者的做法不屑一顾，因为他太熟悉他们的伎俩，为了曝光度和销售量，他们总是添油加醋地乱写一气。但这一次他不能无动于衷，因为奥黛丽的气恼让他心疼。

当记者们想要采访到花边新闻而将奥黛丽团团围住时，一向温文尔雅的派克愤怒地冲记者们发了火。在派克的人生中，有两次冲狗仔队发怒的记载，而两次都是因为奥黛丽。还有一次是在奥黛丽老年患了癌症后，奥黛丽想要清净度过最后的时光，但狗仔队却跟踪偷拍，派克也是像这般对那些记者们大发雷霆。但这毫不损伤他的形象，反而从中看出派克对奥黛丽的爱护堪比父辈兄长一般深厚。

003. 可遇不可求的亦师亦友亦兄长

派克的存在对于奥黛丽来说不只是父兄和师者，他们更是可以交心的朋友，他们愿意向对方袒露自己的脆弱和痛苦。

当奥黛丽婚姻失败时，她伤心欲绝，却在人们面前表现出从容的样子，她不想让别人看到她的沮丧和痛苦。当派克打来电话时，她痛哭失声，她抽泣着对派克说："在这个圈子里，婚姻真难维持啊！请你相信我，我是把婚姻、家庭生活放在第一位，而把事业放在第二位的。我本来想白头偕老，但太难了，太难了！"在这个世上，奥黛丽愿意袒露出自己的脆弱给他看的，可能只有派克一人吧。

而奥黛丽对于派克的意义也是如此。在 1974 年，派克的大儿子自杀身亡，这对派克相当于致命一击。悲痛的他们拒绝与任何来试图安慰他们的朋友见面。唯独奥黛丽来时，派克打开了紧闭的大门，他愿意让她来分担自己生命中的残酷和悲伤。

派克对奥黛丽的爱，是有爱情的成分在里面的，而且那时候他的婚姻也已走到尽头，正和妻子商议离婚的事宜。他完全可以去追求自己心爱的女子。但他体察到奥黛丽对他的感情比爱情要深沉和复杂得多，她像对恋人一般喜欢他、像对老师一般敬畏他、像对父亲一般依恋他，这种感情让派克震撼。

他不想用自己的思想去左右她，所以在奥黛丽活着的时候，他从始至终也没有对她说过一个“爱”字，更没有半点不轨的行为，他觉得那是对她的亵渎。直到奥黛丽去世后，早已白发苍苍的派克才在她的棺木上轻轻一吻，深情地说：“你是我一生最爱的女人。”

其实，对于奥黛丽和派克之间的关系，之所以一些人会有遗憾，是因为他们把爱看得太片面。爱，并不只是指情爱。爱分好多种，一种衍生自亲人之间的强烈关爱、忠诚及善意的情感与心理状态，如母爱。亦可为衍生自两性之间在性欲与情感上的吸引力，例如情人之间的情爱与温柔。此外，亦可能为衍生自尊敬与钦佩之情，例如朋友之间彼此重视与欣赏。

现在回头去看他们两个交往的点点滴滴，可以看到，派克和奥黛丽之间的情谊，不只是简单的男女之间情感上的吸引力，而是包含着更加丰富的内涵，可以说，上面说到的三种爱，在派克和奥黛丽之间都存在着。

这已经不是一份爱情和一只婚书所能承担得起的。但这种丰富的爱给了奥黛丽一份依靠、一份安定、一份温暖。让她的生命在遭受无数次磨难的时候，都有一个空间供她依靠和修复受伤的灵魂。

二、谁创造了谁，谁成就了谁？

我很少有比他更爱的人，他是我所知最真诚的人。

——奥黛丽·赫本

001. 一次有点失望的约会

从20世纪50年代，一直到现在，奥黛丽·赫本始终站在时尚界潮流的前端。无论她穿过的立领套头衫黑色紧腿裤搭配平底鞋，还是连身长裙晚礼服，都是历年来女孩们最喜欢的款式，因为奥黛丽透过这些服装所折射出令人叹服的优雅与美感，让每个人都着迷。

奥黛丽生前早就知道这些，但她并不认为这是自己天生的优雅，而是她的朋友、著名服装设计师休伯特·德·纪梵希的成就。她说：“是纪梵希的衣服给予我在电影角色中的灵感与生命，当我穿上他设计的衣服时，我就能进入角色的生命中，更重要的是它们给予我自信和力量。”

虽然奥黛丽这话有自谦的成分，但我们不得不承认，无论是《龙凤配》里那件绣着黑色丝绒花卉图案的白色长裙晚礼服，还是《蒂凡尼的早餐》中那件黑色无袖包身长裙，都衬托得她更加高贵和美丽。

简约时尚的纪梵希服饰与奥黛丽优雅的气质融合在一起，诞生了独特的赫本风格。

纪梵希曾经说：“每位女性都渴望拥有奥黛丽·赫本的外表。她就和罗马城一样令人难以忘怀，我很荣幸认识奥黛丽并和她有着一生的友谊和合作经历。她拥有自己独特的魅力，服饰在她的身上发挥的概念就变成了优雅、时尚和简约。能为她打点衣着是我的荣幸，我为她在电影和生活里都穿着我们合力设计的衣服而感到相当自豪。”

这是纪梵希在和奥黛丽合作多年后，说出的一番肺腑之言。但在第一眼看到奥黛丽的时候，他却对她很不以为然。

那时候，奥黛丽已经因主演《罗马假日》获得成功，她在美国影视界声名鹊起，但因为影片还没有在法国上映，所以在法国为自己的时装发布会忙碌的纪梵希并不知道她。当他听说好莱坞的赫本小姐要拜访他并与他合作时，纪梵希惊喜地以为是著名的凯瑟琳·赫本。

那时候，年仅 26 岁的纪梵希刚成立服装设计工作室不久，虽然在头一年（也就是 1952 年 2 月 2 日）的巴黎个人作品发表会上，他的创意才华令所有人都惊艳不已，但纪梵希清楚地知道，自己的事业才刚刚起步，能够与好莱坞的明星们合作，是他梦寐以求的事情。所以他虽然在忙于时装发布会的事情，但还是抽出时间来会见“赫本小姐”。

当他打开工作室的门，发现站在门外的是一个身穿简约裤装的素颜女孩，而不是大名鼎鼎的凯瑟琳·赫本时，纪梵希很失望。不过，他是一个有优良品质的绅士，所以他很优雅地掩饰起自己的失望，客气地接待了奥黛丽。

纪梵希告诉她，自己没有时间为她设计戏服，请她另寻设计师。如果奥黛丽像别的大牌明星那样，听到这种拒绝转身就走的话，我们无法想象，后来电影中主人公萨宾娜或霍莉会穿着什么样的服饰出场？但我想绝对不会有那种让人惊艳的视觉震撼，更不会有后来领衔时尚界潮流的赫本风格。

我们要感谢奥黛丽，她没有把纪梵希的拒绝放在心上，而是请求他允许她挑一些他发表过的服装。精诚所至金石为开，奥黛丽的执着和虔诚打动了纪梵希，他微笑着答应了她的请求。

奥黛丽挑了一件灰色羊毛套装，当她把衣服换上后缓缓走向纪梵希时，他简直不敢相信自己的眼睛，他连声赞叹：“真是神采飞扬啊！你简直赋予了这套服装灵魂，这太不可思议了。”

这套服装也就是《龙凤配》中萨宾娜从巴黎回到长岛，在路边等车时穿的那一套。当奥黛丽身穿这套衣服一出场，那玲珑有致的外形便吸引了所有观众的眼球，在那一瞬间，观众们感受到时尚、优雅、高贵集于一身的赫本风格的魅力。

接下来，纪梵希还有几丝失望，但在奥黛丽试穿那件白色无肩带连身晚礼服时，这几丝失望也荡然无存。因为他发现，自己设计的这些衣服竟然被这个瘦高个女孩赋予了无限的生命和灵气。

他忘记了自己发布会在即，还有很多工作需要他去做，在助手们惊讶的目光中，纪梵希盛情邀请奥黛丽去格兰大道的餐厅用餐。两个年轻人的友谊从此拉开序幕。

002．是创造，也是成就

在用餐期间，奥黛丽告诉纪梵希，虽然他不认识自己，但自己却是他的崇拜者。她喜欢他的服饰，觉得他的服饰裁剪简单，但却能烘托出穿衣者典雅的气质，并赋予人自信和力量。所以在第一次拿到《罗马假日》的拍片片酬时，她第一件事便是去购买了一件纪梵希外套。

纪梵希听了这番话，心中既惊喜又感慨。惊喜的是，自己遇到了一个洞悉自己服饰精髓的知音。他感慨这样一个陌生的女孩竟然能够如此懂自己的设计理念，要知道一个设计师的设计理念代表着他灵魂深层的东西，即使每天与他朝夕相处的工作伙伴都不见得领悟到。

因为对时尚观和世界观的惊人一致，两个年轻人的友谊变得深厚而紧密。纪梵希后来说起过这一点：“在相互交流中，我们总是发现仅仅属于我们彼此之间的乐趣，就好像我们俩隐藏着某个秘密。”这份友谊真挚纯洁，像是春天里山谷中盛开着的成片桃花，明媚灿烂，散发出阵阵香气，伴随着他们两个的一生。

当年，俞伯牙弹到志在高山的曲调时，钟子期就说“峨峨兮若泰山”；弹到志在流水的曲调时，钟子期又说“洋洋兮若江河”。从此，俞伯牙约定还会弹琴给钟子期听。而纪梵希和奥黛丽之间的友情也是如此。

自从认识了纪梵希以后，奥黛丽把自己所有戏服和生活中所要穿的衣服都交给他来做。“有些人的梦想是拥有一个很大的游泳池，而我则想要有间大衣橱。”她说，“但最重要的是要找一个好裁缝，只有这样，衣服才能合身。”在众多大名鼎鼎的服装设计师中，她只坚信纪梵希的品位。

纪梵希对奥黛丽的信任甘之若饴，他把奥黛丽视为他的缪斯女神，视为他创作的灵感来源，因此对这种托付求之不得。他说：“在每一场发表会上，我的心，我的笔，我的设计都是跟着奥黛丽走。”他为奥黛丽设计了很多款颜色简单、线条利落的服装，这些服饰衬托得奥黛丽更加优雅美丽，张扬着一种特立独行的赫本风格。

而奥黛丽始终坚信简单朴素就是一种美和力量，因此她深深喜欢着纪梵希为她设计的每一款服装。她说：“纪梵希不但是一位优秀的服装设计师，更是一位人格创造者。只有穿上他设计的衣服，我才是那个原来的我。”

在每一部电影里，只要奥黛丽身穿纪梵希设计的戏服，总是能惊艳世人的目光。因此有很多人说，是纪梵希的创造设计成就了奥黛丽的影视事业。但也有人说，是奥黛丽天生的优雅和高贵，赋予了那些服装灵气，为纪梵希的设计增添了高贵典雅的元素，所以他才能在时尚界处于有着独特创意的领先水平。

究竟是谁创造了谁？究竟是谁成就了谁？对于世人争论的问题，他们的回答很简单，也很谦逊。纪梵希说：“我设计的服装只是普通的花瓶，在奥黛丽的天然美丽衬托下才显得引人注目。”而奥黛丽则说：“我只是一朵田野上普通的花朵，纪梵希设计的服装则是美丽的花瓶，是这些美丽的花瓶让普通花朵变得更加美丽。”

当世人还在关注这两个问题的时候，纪梵希和奥黛丽已经从时尚界和影视界的工作关系中走了出来，他们走进对方的生活，建立起一段交心的非凡友谊。他们关注的是对方心灵上的成长和快乐。

003．“禁忌”是灵魂的祭献

在纪梵希心里，奥黛丽是一个非常有个性的女子。他这样赞美奥黛丽：“作为一个明星，奥黛丽从来不摆架子。她永远知道自己的目标是什么，想要什么。而且她很专业，知道怎样塑造自己的形象。因此每次我给她的设计，都会有她所加入的一点细节，而这个细节又总是能起到画龙点睛的作用。”

而奥黛丽给纪梵希的评价就更高了。她说：“他是我所见过的最真诚的人。我很爱他。”如果换成别的明星，说这样的话，就有暧昧的成分，但这话从奥黛丽嘴里说出来，却是那样真诚和纯粹。

从来没有人质疑奥黛丽所说的“爱”的纯洁。她把他视为亲人，视为兄弟。熟悉他们两个的人都理解这段真诚宝贵的友谊。

为了表达对这份友谊的感谢，纪梵希为奥黛丽度身研制了一款香水，这也是纪梵希的第一瓶香水。香水含有胡椒粉强烈的刺激味道，它完美地捕捉到青春少女的清新和浪漫，有着经典优雅、高贵简约的风格，这与奥黛丽的风格完全一样。

纪梵希把香水命名为“禁忌”，并把它送给奥黛丽。比起派克送的蝴蝶胸针，这瓶香水的意义更加非凡。如果说蝴蝶胸针是派克对奥黛丽所有的爱护和包容，那么“禁忌”便是纪梵希对奥黛丽的灵魂上的祭献。一瓶香水包含着纪梵希对这段深厚友谊所有的祝福和祈愿。

奥黛丽欣喜不已，从此以后，她只用“禁忌”香水。因为香水免费用奥黛丽的形象做宣传，费勒知道后很是生气，他觉得这是侵犯了他妻子的权益，因此他背着奥黛丽，让经纪人去处理这件事情。要知道，纪梵希和奥黛丽虽然友谊深厚，但在账务上一直清清楚楚。

谁知奥黛丽知道了这件事情后非常愤怒，她认为这是自己和纪梵希的私事，因此她将经纪人解雇了。虽然她没有责备丈夫费勒，但解雇经纪人的行动已经证明，费勒的插手已经触犯了她的底线。奥黛丽与丈夫梅尔·费勒结婚后，有多么珍惜他们之间的婚姻，世人皆知。她处处依顺着丈夫的意思，从来不舍得违背他的意愿。唯一的一次便是费勒插手奥黛丽和纪梵希的友谊这件事。

奥黛丽把这段友情视若至宝，而纪梵希亦是如此，在奥黛丽生命的最后时刻，纪梵希告诉她，他把她视为他生命中的全部。这句话让奥黛丽感动到掉泪。他们的友谊一直滋润和温暖着他们两个人的生命。

晚年时，奥黛丽·赫本被确诊患了癌症，她在洛杉矶接受治疗，但很快医生便宣布放弃治疗。奥黛丽想要回到自己远在瑞士的家中，但她的身体已经不适合远程跋涉，航空公司也不会让一位重病患者登机。虽然嘴上不说，但可想而知，奥黛丽对这样的现状有多么难过和沮丧。

纪梵希最懂得她的心，他告诉奥黛丽，不要难过，他会安排自己的私人飞机送她回家。当奥黛丽登上纪梵希安排的飞机时，机舱里摆满了盛开的鲜花。一直情绪低落的奥黛丽看到这一幕，激动得几乎说不出话来，只是用法语不停地说："休伯特，我太感动了。"她握住纪梵希的手，眼睛里满是喜悦和感动的泪花。

奥黛丽去世，为她抬灵柩的除了梅尔·费勒、安德烈·多蒂和罗伯特·沃德思，另一个便是休伯特·德·纪梵希。那三个人是她的亲密爱人，他们的爱先后陪伴奥黛丽的生活，而纪梵希的友情则是陪伴了她一生。在奥黛丽的生命中，这份友情既与那几份爱情有着同等重要的分量，又和那爱情有着不同的质感。因为在纪梵希给予她的友情中，没有伤害，有的只是成长和丰盈。

多年以后，提到奥黛丽·赫本，纪梵希回答说："她虽然已经去世，但我仍然能够感觉到她与我同在。"

三、天下最称职的母亲，来自儿子最荣耀的赞誉

我简直不敢相信他真的是为我而造，我可以保有他。和儿子们在一起才是真正的我，电影不过是个童话故事。

——奥黛丽·赫本

001．女人是脆弱的，但母亲是坚强的

如果你要问奥黛丽·赫本，人生中最幸福的瞬间是拿到100万的片酬时，还是在获得奥斯卡影后奖那一刹那……奥黛丽一定会微笑着告诉你，NO，你猜的都不对，对她来说，最幸福的瞬间便是儿子肖恩·赫本·费勒与卢卡·多蒂诞生的那一刻。

奥黛丽从很小的时候，就喜欢孩子。前面我们已经说过，她和母亲去菜市场的时候，由于太喜欢孩子，她差点把坐在婴儿车里的小孩抱回家。后来和霍尔登谈恋爱，也是因为霍尔登无法生育，如果和他结婚的话便不能实现自己做母亲的心愿，所以奥黛丽才选择放弃。她太喜欢孩子了，她想要很多很多孩子。

但命运却偏偏和她开起了玩笑，她在和梅尔·费勒结婚后，连续好几次流产。欣喜与绝望交叠更替，让奥黛丽悲伤，痛苦不堪。

在1959年11月，奥黛丽陪丈夫费勒去洛杉矶工作时，她惊喜地发现自己再次怀孕了。为了保证孩子健康平安落地，影视事业如日中天的奥黛丽拒绝工作，她在丈夫的陪伴下回到瑞士，为了安心养胎，她在那里过着几乎与世隔绝的生活。

1960年7月17日，在瑞士的琉森产科诊所，奥黛丽与费勒的儿子肖恩·赫本·费勒诞生。做母亲的愿望终于实现了，那一刻，

奥黛丽感觉自己是天下最幸福的女人。“我简直不敢相信，这个宝贝真的是为我而造，从此我将完全拥有他……”她抱着健康而强壮的儿子，喜极而泣。

从儿时父亲弃她而去，奥黛丽就一直处于没有安全感的状态中，她觉得世上除了母亲对孩子的关系之外，没有别的任何一种关系能够恒久不变。所以在她还是小孩的时候，最期待的就是有个孩子，她坚信，只有自己的孩子，才会没有遗弃、没有背叛，她只有和他们在一起，才是真正的自己，而她可以永远拥有他们。

自从有了肖恩，奥黛丽一心想要做一个称职的好母亲，她恨不得把所有的母爱都倾注到孩子身上，因此她不想离开孩子哪怕一分一秒。为了做一个全职母亲，她推掉了很多片约，甚至就连去参加宴会，都舍不得与儿子分开。

后来奥黛丽去世后，肖恩在写给母亲的回忆录中描述到这些：“当我还是一个满地爬的婴孩时，每次当她坐在那儿为出席某个晚宴或者鸡尾酒会梳妆打扮时，我就会匍匐在她的脚边像小狗一样舔她的双脚。然后她就会停下手中的活儿，深情地看着我，对我呢喃道：‘亲爱的，我真想留下来，给我一个理由，让我拒绝邀请，我宁愿和你待在厨房里吃那些残羹冷炙。’当然，她最终还是不得不扔下我去参加那些令人生厌的宴会，然而我知道她是多么地舍不得与我分离，多么地渴望与自己最爱的人待在自己的家里。”

不过，她想到孩子在将来的成长过程中需要钱，她可不想要孩子再像她的童年那样过着窘困的生活。因此纵然奥黛丽百分之百地不舍得与儿子分开，但在肖恩三个月的时候，身体还依然虚弱的她还是接了新的工作。

离开孩子去演戏，这个选择对于奥黛丽来说虽然很无奈，但她依然坚强地做到了。法国有一句名言，女人是脆弱的，但母亲是坚强的。为了孩子的幸福，母亲可以放弃自己所有的想法和原则。

奥黛丽太爱孩子了，她舍不得和孩子分离。为了能够亲自带孩子，在肖恩小的时候，奥黛丽雇佣保姆带着孩子陪她辗转各大片场。在电影《双姝怨》或是《窈窕淑女》的拍摄现场，都能看到肖恩那小小的身影。

那时才一两岁的肖恩那么可爱，他给大家带来很多快乐，雪莉、詹姆斯、比顿，以及所有的工作人员都是那样喜欢他。大家从奥黛丽发自内心的笑声可以看出来，做母亲的她是那么幸福。

002. 有了他们，人生便不凄凉

只是这样的状态不能持续太久，因为肖恩到了上学的年纪，就需要进学校读书，他不可能跟随母亲在各大城市飞来飞去，这不现实。为了给肖恩提供一个良好的教育环境，奥黛丽于1965年在瑞士托罗青纳茨购买了一处宅邸——“和平之邸”，这里后来成为她一生幸福的储藏室。

在奥黛丽拍摄《等到天黑》这部影片时，他们夫妻去往洛杉矶，而肖恩则留在家里上学。虽然有保姆和管家照顾和看护肖恩，奥黛丽完全可以放心工作，但对儿子的思念如锥心之痛让她几乎无法承受。

肖恩那时太小，根本不懂母亲的思念，奥黛丽只能把这份思念向远在都柏林的父亲倾诉，她告诉父亲："我们两人都来洛杉矶，肖恩留在家里（掉泪），因为他不肯离开新学校和朋友。这对他是最好的决定，但对我们是一种折磨……我真渴望回家，陪他待在那里！"

就在奥黛丽承受与儿子分离的痛苦时，她的婚姻也出现了危机。奥黛丽在自己身上找原因，她认为是自己太专注事业，而无法保持家庭的完整，所以才会出现这种状况，于是她决定息影，专心照顾丈夫和孩子。

但虽然已竭尽全力，她的婚姻还是宣告失败了，不过这场婚姻给予奥黛丽最大的礼物便是儿子肖恩。恰如奥黛丽一直认为的那样，只有母亲和孩子的关系是固若金汤，别的任何一种关系都有可能随时终止和解除。

肖恩回忆说：母亲与继父多蒂离婚后，一直保持着朋友关系，但她却几乎与父亲费勒断绝一切联系。其实肖恩不知道，与丈夫离婚后，他已经成了她生活下去的精神支柱，她太怕他父亲把他从自己手里抢走，因此她不但不与费勒联系，甚至还取消肖恩去美国看望父亲的旅行。直到肖恩长大，奥黛丽肯定他总会回到自己的身边后，才开始与费勒恢复直接联系。奥黛丽的一生都在不安中度过，由此可见一斑。

后来，她遇到了安德烈·多蒂，这段婚姻同样以失败告终，但她幸运地在这场婚姻中拥有了另一个孩子卢卡·多蒂，他们是奥黛丽的精神支柱。有了他们，她便不觉得人生凄凉。

003. 奥黛丽的教育理念：清楚你自己想要什么

在孩子的学习教育方面，身为名人的奥黛丽与普通母亲一样，都有一颗望子成龙的心。孩子进入学校开始学习后，无论工作多忙多累，她都会时刻关注他们在学校的状态。每次考试之前，比孩子们更加焦虑和紧张的是母亲奥黛丽。

她会在睡觉前把所有的问题都问一遍，到了第二天早晨，她会再来一遍，确定孩子们的知识点都掌握牢固，她才会舒一口气。这样做的效果，便是孩子们每次考试总会取得很好的成绩。可怜天下父母心，这个道理古今同、东西同，天下大同。

奥黛丽是一个优秀的演员，更是一个称职的母亲。她关注儿子们的每一次成长，尤其是心灵上的成长。她教育孩子不要因为一点点成就就沾沾自喜，因此当肖恩和卢卡拿到好成绩册回家时，她兴高采烈，为这样优秀的儿子感到骄傲和自豪。但她却绝对不会给他们太多赞美。

因为奥黛丽知道，过多的赞美只会“冲昏”孩子的头脑，让他们变得浮躁和傲慢。她会鼓励他们说：“恩，真的很好，但还不是非常好，还要继续努力啊！”做人要谦逊、自律，不要骄傲自满、更不要自以为是。而这些，正是艾拉夫人一直教导女儿奥黛丽做人处事的准则。

除了教导孩子们优良谦逊的品德，奥黛丽还会与她的儿子们做知心朋友，进行心灵层次的对话。

肖恩回忆说：“在周末的晚上，我们会躺在床上，关着灯聊天，直到谁先睡着为止。我们像朋友那样无所不谈，从现在到未来，从身边的人到远逝的事，绝大多数时间里我们只是聊一些生活琐事，但是在黑暗中一切都显得有些特别，感觉像是两个灵魂在交流。”

而这种交流让孩子们感受到母亲的爱和理解，这种感受让他们感到很幸福，奥黛丽则在爱的付出中感到满足。

肖恩说：“母亲奥黛丽一直教育我们‘做那些最需要你做的事情，清楚地知道你到底要的是什么。如果你要的太多，不但什么都得不到，而且会把你的生活搞得复杂劳累’。”为此，他还回忆起一件趣事来。

有一次肖恩和母亲谈论起自己喜欢的一个女孩，但不幸的是这个女孩更喜欢另外一个男生，或者也许她两个都喜欢，这种情形让肖恩很烦恼。谁知奥黛丽静静听完后，并没有就此事发表自己的意见，而是告诉他：“你最好把精力放在你的学习上，因为如果你没有通过考试，那么你很可能要遭受两次打击。”

这是多么聪慧的一个母亲啊，只是简单的一句话，就把儿子从青春期的苦恼漩涡中拉了出来。想到前些天的一则新闻，有一对父亲因为双方的青春期儿女早恋相互打架。如果这对父亲能有奥黛丽这样的睿智，就不会发生“一个被捅死，一个判无期徒刑”的悲剧了。

这些年，社会上刮起一股“拼爹”风潮，经常看到一些官二代、富二代扯着父母的旗号为非作歹，他们不是炫富就是寻衅滋事以及仗势欺人，让人厌恶至极。其实他们之所以这样，与他们父母的家庭教育有直接关系。为人父母者，真应该好好学习一下奥黛丽的做法。

作为一代银幕巨星，奥黛丽名声显赫、富有，但她从来没有把这种荣耀感展示在孩子们面前。在孩子们心中，奥黛丽首先是一位好母亲、一个好朋友，其次，才是一个演员，而演员对于母亲来说只是一份工作，没有什么与众不同的地方。在奥黛丽的言传身教下，肖恩和卢卡心态平和、为人真诚朴实，在他们身上，找不到富二代、星二代们惯有的通病。

所以说，奥黛丽不只是一个成功的银幕巨星，她更是一个成功的母亲。

四、人生是船，爱心是水

人要有用。施比受更有福。

——奥黛丽·赫本

001. 要记住，你有两只手

奥黛丽·赫本曾经说过一句脍炙人口的话："随着岁月增长，你会发现，你有两只手，一只帮助自己，一只帮助他人。"在她晚年的时候，当她的孩子长大，已经不需要她照顾时，她把两只手伸向世界上那些需要帮助的儿童们，把自己的爱洒向世界每一个角落。

肖恩在《天使在人间》中回忆道："据我所知，是罗伯特·沃德斯向母亲介绍了联合国儿童基金会的宗旨和工作。"后来两个人更是一起为联合国儿童基金会工作，为了帮助那些挨饿受苦的儿童们，他们奔走于索马里、肯尼亚、埃塞俄比亚、孟加拉国等贫穷国家。

这些旅行让奥黛丽并不快乐。因为触目所及之处，哀鸿遍野、饿殍满地，这种悲惨的景象让奥黛丽心怀戚然。那些在困苦中缺乏关爱的孩子们让她回忆起自己的童年。

在还是幼童时，由于遭受到"二战"的袭击，所有粮食都被德军霸占，市民们被迫陷入颠沛流离、缺吃少穿的苦难中。幸亏联合国儿童基金会和红十字会一起进驻了他们的城市，向居民提供食物、药品和服装。正是这些食物挽救了几乎被饿死的小奥黛丽。也就是从那时候开始，联合国儿童基金会把慈善和爱植入她的心底。

爱是不会老的，它留着的是永恒的火焰与不灭的光辉，世界的存在就以它为养料。奥黛丽在这份爱的滋润中长大，她始终坚信，这种爱一定会衍生出一种神奇的力量。身为这股力量的受益人之一，她心中也一直有把爱传播下去的念头。

只是后来忙事业、忙家庭、忙照顾孩子，她根本分不出身来做慈善事业。等到终于不再演戏、不再需要照顾孩子时，奥黛丽决定把自己的爱奉献出来，给那些需要帮助的孩子。又恰好遇到了罗伯特，他将奥黛丽领进了慈善事业的大门。

1987 年 10 月，应前荷兰驻葡萄牙大使范乌弗尔德的邀请，奥黛丽和罗伯特 · 沃德斯一同前往澳门参加一个为联合国儿童基金会募捐的音乐会。在音乐会开始前的庆典上，奥黛丽做了演讲，她对孩子们发自肺腑的爱深深打动了当时联合国儿童基金会的高级总裁詹姆斯 · 格兰特，格兰特先生当即向奥黛丽发出邀请，希望她能够担任联合国儿童基金会的亲善大使。奥黛丽欣然接受了邀请，她说：我希望能用我的名气来帮助那些可怜的孩子们。

奥黛丽虽然一直在电影厂工作，但她却很关心世界上那些未成年人的讯息。她发现，无论一个国家是穷还是富，总会有或多或少的儿童在受苦受难，这些苦难来自成人世界对他们的忽视、虐待和缺少关爱。联合国儿童基金会的任务就是让全世界都来关注这些孩子，呼吁人们不要忘记这些儿童，帮助他们更好地活下去。

“世界只有一个，它正变得越来越小，人们之间的接触也不得不越来越频繁。我们生活在这样的环境中，那些富有的人就有义务、有责任去帮助那些一无所有的人。”奥黛丽的话让人感动，而她的实际行动远比演讲要辛苦得多。

她除了经常举行募捐活动，还多次去往非洲展开考察并实施援助。因为她知道，对于那些遭受饥饿的母亲和儿童来说，拿出钱来给他们，是一个好办法；但对于那些因为各种原因而面临死亡的儿童来说，钱对他们毫无意义，他们需要的是深入灵魂的关爱，来排解和消弭他们的悲伤和焦虑。

奥黛丽坚信，爱，可以治愈世间一切悲伤，让它们变得美好起来。她心甘情愿地奉献自己的爱，而且在给予那些孩子爱的同时，她也感到很快乐。英国的莎士比亚说，慈悲不是出于勉强，它是像甘露一样从天上降到尘世；它不但给幸福于受施的人，也同样给幸福于施与的人。

002. 慈善路上的风向标

很多慈善家都是把钱捐献出来，让别人去办，他们呆在宽敞舒服的豪宅里，享受铺天盖地的赞誉。很少有人亲力亲为，因为他们都知道，去那些艰苦的地方做慈善是一种艰辛的旅程，需要有一个好的身体和强大的心理素质。

一心想要为孩子们做些什么的奥黛丽，心态始终坚持如一，但她的身体一直就不是很强壮，加上每次去的目的地大多是发展中国家，没有直达航班，他们必须在中途多次转机，整个飞行路程因此拉长了很多，长期的旅途劳顿让奥黛丽疲惫不堪，终于在一次去非洲考察途中，她病倒了，而且病得非常厉害。

医生们都有些手足无措，因为他们无法确定她究竟是什么病，但他们怀疑她被感染上当地一种非常可怕的传染病。要知道非洲除了干旱和战乱，还有传染病，只要身体抵抗力弱的人，随时都有可能感染上那些传染病，这些传染病可怕到随时会致人于死亡。

奥黛丽一度生命垂危，罗伯特和所有的人都很紧张和担心，他们一筹莫展。相比起来，奥黛丽却从容很多，她说："一个人总是要死的，但我最依依不舍的不是自己的生命，而是第三世界那些被战争、干旱和饥饿困扰的儿童。"她的话让所有人都为之动容。这是怎样的一份博爱的心，才能让她把生死置之度外。

最后，医生使用了一种药效非常猛烈的抗生素，这才帮助奥黛丽脱离了危险，把她从死亡线上拉了回来。不过，这种药的副作用也是很厉害的，奥黛丽在治病的同时，也遭受了药物副作用带来的痛苦。以至于她痊愈后，请求儿子肖恩保证以后无论如何也不再答应使用那种药。

虽然奥黛丽的病治愈了，但那抗生素对身体的破坏力也是很强大的，它破坏了身体里的免疫力。后来奥黛丽查出癌症，谁又能说长期劳累和使用破坏力猛烈的抗生素不是诱因呢？！只不过，人类能力的局限注定了谁也无法得知未来究竟会发生一些什么。如果能够有一双看透未来的眼睛，那么我们就可以换另一种方式去办同一件事情，那么就可以避免很多悲剧的发生了。遗憾也就不会有那么多。

但即使是从头来过，奥黛丽依然会坚持亲自去做那些慈善的。因为她太心疼那些孩子们，看到他们在沙漠中的帐篷里、被炮火轰炸过的危房里、在街头、在田间、在凋敝的孤儿院里，过着颠沛流离的生活，她的心里充满了悲伤。她发誓，要尽自己的力量去消除这些不公平，努力给他们创造一个更好的生存空间，安全、自由、和平，安抚他们被煎熬的心。

003. 把爱和温暖留在这个世界

奥黛丽爱的给予温暖了无数难民营里儿童的心灵。她身上散发出和平与爱的光芒，给了那些在死亡线上挣扎的孩子们希望，而她身上更洋溢着一种母性的温柔，这种温柔吸引着那些缺乏关爱的孩子们。他们不自觉地靠近她，渴望她的拥抱和爱抚，而奥黛丽总是温柔地满足他们的愿望。这样的例子数不胜数，其中最著名的是她与一个索马里小女孩的拥抱。

那次，奥黛丽去往索马里派送物资。当她来到一座简陋的帐篷里，看到那里有许多饥饿的孩子正排着长长的队伍领取基金会给他们准备的食物。队伍里有一个端着盘子的小女孩特别显眼，因为她总是不断地张望前面，从她眼睛里流露出来的渴望可以看得出来，她一直在遭受饥饿的折磨。

当她的目光与奥黛丽的相对时，小女孩似乎呆住了。忽然，她扔下手里的盘子，向奥黛丽跑过来，然后紧紧抱住了她。所有人都愣住了，只有奥黛丽安静如初，她环紧手臂，像母亲拥抱自己的孩子一般，紧紧拥住小女孩。

看到这一幕，大家的眼眶都湿润了。因为所有人都知道，在这个温暖的拥抱中，小女孩得到了爱和希望。这份爱将会伴随小女孩的一生，让她在以后的生活中不再彷徨和孤单。

奥黛丽多么想一直行走在慈善的路上，多么想把爱给予更多的孩子。但过度的劳累让她的身体无法负荷，在1992年，她被查出患上了结肠癌。残酷的现实面前，她不得不停止做慈善的脚步，但她的心却一直牵挂着那些身陷苦难的孩子们。

在她弥留之际，肖恩一直守护着她。他握着母亲的手，问她有没有什么遗憾的事情。奥黛丽回答道："没有，我没有遗憾。我只是不明白，为什么会有那么多儿童在经受痛苦。"这是一代巨星留给这个世界最后的话语，她带着对那些遭受苦难折磨的孩子们的牵挂离开了人世，却把爱和温暖留在这个世界。

为了纪念奥黛丽对慈善事业做出的贡献，联合国儿童基金会专门在纽约总部树立了一尊以她的名字命名的青铜雕像，人们想通过这种方式把奥黛丽的慈善精神传播下去。

站在这座高七英尺的雕像面前，我仿佛听见奥黛丽在圣诞节给大家朗诵诗歌："魅力的双唇，在于亲切友善的语言。可爱的双眼，要善于看到别人的优点。苗条的身材，要肯将食物与饥饿的人分享。美丽的秀发，因为每天有孩子的手指穿过它。优雅的姿态，源自与知识同行。人之所以为人，必须充满精力、自我反省、自我更新，自我成长；而并非向他人抱怨。请记得，如果你需要帮助，请从现在起善用你的双手。随着岁月增长，你会发现，你有两只手，一只帮助自己，一只帮助他人。"

五、活着本身已很精彩

我看到、听到、学到如此多的东西，丰富的经验让我收获丰硕，使我脱胎换骨……探究路加修女的心灵和想法，让我不得不深入探索自己。如此这般耕耘着我的灵魂，我所体验的一切已经在沃土中播下种子，希望能收获一个更美好的奥黛丽。

——奥黛丽·赫本

001. 人生中，最重要的是当下

别看奥黛丽·赫本的成绩斐然，但她从不以那些成绩沾沾自喜，因为她注重的并不是成绩本身，而是获得成绩的过程。她曾经说过这样一句话：“珍惜生活，不管发生了什么，不管遇见谁都要享受这次经历。我认为，过去的经历让我懂得珍惜现在。我不愿在对将来的忧虑中蹉跎眼前的时光。”

她告诉世人，不要为了度日而活着，否则会变得利欲熏心，要珍惜每一天。“我发现大多数人都活得很肤浅，他们意识不到，活着本身就很精彩。”这是奥黛丽最深得我心的一句话了。

只要关注奥黛丽·赫本的人，都知道《蒂凡尼的早餐》这部电影。在电影中，奥黛丽饰演一个想要进入上流社会的女子霍莉，她打扮入时，出入名流圈。看上去她活得优雅而又潇洒，但实际上，她却是一个父母双亡、弟弟有些智残的乡下女孩。

她一心想要与当下割断联系，成为一个有钱人，过上奢侈豪华的名流生活，但一次次意外的遭遇让她明白，生命的结果无法预料，比结果重要很多的是过程。当她收到弟弟死亡的消息时，她懂得了名利繁华都是浮云，活着本身已经很精彩。

奥黛丽·赫本在戏中的表演精彩绝伦，因此获得大众的赞誉，很多人被她所表达出来的那种现实中的美好所迷倒。据《华盛顿邮报》报道，几个大学生被影片中的霍莉弄得神思恍惚达一周之久，似乎有一种摆脱不了的魔力，天天晚上到影院去看霍莉·戈莱特丽。

奥黛丽之所以能把霍莉这个人物演得如此具有魅力，是因为她深深懂得这样一个道理：名利繁华都只是虚幻，只有活着本身才是最精彩的事情。

站在任意一个都市的街头你都会发现，每个人都脚步匆匆，他们或是为名、或是为利，所有人都在为自己设定的目标奔走忙碌。他们坚信在目标达成那一瞬间，他们会感受到生命的光芒和精彩。但很少有人能够停下来，像个局外人一般地审视自己、审视生活。如果停下来将发现，其实他们根本不需要等到结果出来的时候才品味精彩。他们将发现，生命的过程才是最精彩的。

而充满智慧的奥黛丽早就意识到这一点，所以她认真地做每一件事情。她始终保持这样一种理念："一件事，要么不做，要做就做好，既然要活着，那就开开心心地活出属于自己的精彩人生。"

因为秉持这种理念，奥黛丽拒绝了无数片约，只是精心挑选了20多部电影。而她选的每一部电影都一炮走红，获得非凡的傲人成绩。

据调查，现在越来越多的人因为无法正确面对挫折和生活中出现的各种压力，患上心理疾病，甚至有很多人选择自杀，以此来逃避生命中的失败。每次发生这样的事情，总是让人痛心疾首。

我们看到的奥黛丽浑身散发出耀眼的光芒，但在她成名之前，却经历了被父亲遗弃、战乱困窘、梦想破碎等磨难和挫折，可以这样说，成名之前的奥黛丽有着一个艰辛的人生旅程。但她并没有逃避这一切，而是选择迎难而上，也从而成就了她的事业。

正是因为品尝过绝望和痛苦的滋味，所以奥黛丽看清生命中最重要的并不是名利和财富，而是活着本身。因此当有人因为这个问题采访她的时候，奥黛丽回答："我的生活远比童话故事要精彩得多，纵使经历许多艰难困苦，我总能在最后有所收获。”

奥黛丽曾经说过一句话：“物质愈丰裕，我要的越少。”这短短十个字却简洁而明了地诠释了奥黛丽对生活的态度。

或许你会说，因为奥黛丽功成名就，要名有名，要钱有钱，自然对物质看得淡，一个每日都要为五斗米折腰的人是没有资格和权利说这种话的。如果你有这样的思想，那么就大错特错了。

奥黛丽之所以把活着本身看得比财富名利要重，是因为她已经悟透了生命的本质。生命的本质就是一种从生到死的状态，这是一种连续性的状态，而这种状态就是“活着”。

自出生的那一刻起，人的生命便进入了倒计时；生命就在呼吸之间，每一秒都是下一秒的“过去”；产房、墓地是人生最平等的两个地方，不论是富贵人和穷人、好人和坏人，在这两个地方都是一样。

人握着拳来到这世界，仿佛是说：“整个世界都是我的。”但在离开人世时，人都是摊开手掌，仿佛是说：“看吧！我什么也没带走。”所以说，无论你有多少财富，有多么高的地位，到临死的那一刻都带不走分毫。我们唯一能够真实拥有和体验的便是“活着”这个过程。因此才有了“人要活在当下”这句经典名言。

002. 怀揣梦想前进，这是赫本给你的答案

活着本身已很精彩，究竟体现在哪里？奥黛丽也给出了答案。那就是怀揣希望和梦想，向目标奋进。

还记得无臂钢琴家刘伟吗？他因为年幼时的无意触电，导致双臂截肢。他的生活因此充满了坎坷。在磨难面前，刘伟并没有低头认输，而是坚强地向命运挑战。他的挑战宣言铿锵有力：“我的人生只有两条路，要么赶紧死，要么精彩地活着。”这句话蕴含着刘伟对生命的理解和感悟。他告诉我们，活着，是一件多么幸福的事情，只要带着希望活着，我们的生命便一定会焕发出光彩来。

还有那个没有四肢的澳大利亚人尼克·胡哲，他的座右铭是“人生最可悲的并非失去四肢，而是没有生存希望及目标！人们经常埋怨什么也做不来，但如果我们只记挂着想拥有或欠缺的东西，而不去珍惜所拥有的，那根本解决不了问题！真正改变命运的，并不是我们的机遇，而是我们的态度。”正是凭着这种坚韧的态度和永不言弃的精神，尼克·胡哲挑战被设了限的生命，在经历漫长挫折与黑暗，从失望到绝望再到充满希望后，他最终成为一名心灵强大的强者。

就像刘伟和尼克·胡哲一样，奥黛丽也一直揣着希望和目标生活着。儿时的奥黛丽还没有接触舞蹈，父爱的缺失让她变得沉默孤独，是做舞蹈家的梦想鼓舞着她；后来舞蹈梦破碎之后，她变得消沉绝望，是“要保障母亲的生活”这一目标激励她去上进。也正是因为这些，她才会去经历一些东西，而生命也因此更加丰盈圆满。

还记得她在写给修女凯特和路加的信中说道：“我看到、听到、学到如此多的东西，丰富的经验让我收获丰硕，使我脱胎换骨……探究路加修女的心灵和想法，让我不得不深入探索自己。如此这般耕耘着我的灵魂，我所体验的一切已经在沃土中播下种子，希望能收获一个更美好的奥黛丽。”

每一个人，既然决定了要活着，就不能窝窝囊囊地将就，如果你贪图的只是安安乐乐，那长眠地下岂不是更彻底？只有时时刻刻潇洒地鼓励自己：活着，活着已经很精彩，就要精彩。

附录一：赫本表演奖项汇总

奥斯卡金像奖（Oscar/Academy Award）

1954 年获奖最佳女主角 *Roman Holiday*《罗马假日》

1955 年提名最佳女主角 *Sabrina*《龙凤配》

1960 年提名最佳女主角 *TheNun′s Story*《修女传》

1962 年提名最佳女主角 *Breakfastat Tiffany′s*《蒂凡尼的早餐》

1968 年提名最佳女主角 *Wait Until Dark*《盲女惊魂记》

奥斯卡人道主义奖

1993 年获奖琼·赫尔肖特人道主义奖（Jean Hersholt Humanitarian Award）与伊丽莎白·泰勒同获此奖

金球奖（Golden Globe Award）

1954 年获奖最佳女主角（剧情类）*Roman Holiday*《罗马假日》

1955 年获奖世界电影最受欢迎女演员（Henrietta Aword：World Film Favorite–Female）

1957 年提名最佳女主角（剧情类）*War and Peace*《战争与和平》

1958 年提名最佳女主角（音乐喜剧类）*Loveinthe Afternoon*《黄昏之恋》

1960 年提名最佳女主角（剧情类）*The Nun′s Story*《修女传》

1962 年提名最佳女主角（音乐喜剧类）*Breakfastat Tiffany′s*《蒂凡尼的早餐》

1964 年提名最佳女主角（音乐喜剧类）*Charade*《谜中迷》

1965 年提名最佳女主角（音乐喜剧类）*My Fair Lady*《窈窕淑女》

1968 年提名最佳女主角（音乐喜剧类）*Two for the Road*《丽人行》

1968 年提名最佳女主角（剧情类）*Wait Until Dark*《盲女惊魂记》

1990 年获奖塞西尔·B·德米尔电影终生成就奖（CecilB.De Mille Awardfor Lifetime Achievementin Motion Pictures）

纽约影评人协会奖（NYFCC）

1953 年获奖最佳女主角 *Roman Holiday*《罗马假日》

1954 年提名最佳女主角 *Sabrina*《龙凤配》

1955 年提名最佳女主角 *Warand Peace*《战争与和平》

1957 年提名最佳女主角 *Loveinthe Afternoon*《黄昏之恋》

1959 年获奖最佳女主角 *The Nun′s Story*《修女传》

1964 年提名最佳女主角 *My Fair Lady*《窈窕淑女》

1967 年提名最佳女主角 *Wait Until Dark*《盲女惊魂记》

英国学院奖（BAFTA）

1954 年获奖最佳英国女演员 *Roman Holiday*《罗马假日》

1955 年提名最佳英国女演员 *Sabrina*《龙凤配》

1957 年提名最佳英国女演员 *Warand Peace*《战争与和平》

1960 年获奖最佳英国女演员 *The Nun′s Story*《修女传》

1965 年获奖最佳英国女演员 *Charade*《谜中迷》

1992 年获奖特别奖（Special Award）

意大利电影金像奖（Daviddi Donatello Awards）

1960 年获奖最佳外国女演员 *The Nun′s Story*《修女传》

1962 年获奖最佳外国女演员 *Breakfastat Tiffany′s*《蒂凡尼的早餐》

1965 年获奖最佳外国女演员 *My Fair Lady*《窈窕淑女》

西班牙圣塞巴蒂斯安国际电影节

1959 年获奖最佳女主角 *The Nun′s Story*《修女传》

【说明】获祖莱塔奖金（Zulueta Prize）

林肯中心电影协会

1991 年获奖 Gala 荣誉奖（Gala Tribute）

美国演员工会奖

1992 年获奖终生成就奖

女性电影水晶奖

1996 年获奖水晶奖（Crystal Award）

金桂冠奖（GoldenLaurel Award）

1970 年女明星第 8 位

1968 年女明星第 2 位

1968 年最佳戏剧表演奖女演员第 3 位 *Wait Until Dark*《盲女惊魂记》

1967 年女明星第 12 位

1966 年女明星第 7 位

1965 年最佳喜剧表演奖女演员第 3 位 *My Fair Lady*《窈窕淑女》

1965 年女明星第 14 位

1964 年最佳喜剧表演奖女演员第 3 位 *Charade*《谜中迷》

1964 年女明星第 15 位

1963 年女明星第 10 位

1962 年女明星第 3

1962 年最佳喜剧表演奖女演员第 3 位 *Breakfastat Tiffany´s*《蒂凡尼的早餐》

1962 年最佳戏剧表演奖女演员第 4 位 *The Children´s Hour*《双姝怨》

1961 年女明星第 12 位

1960 年女明星第 5 位

1960 年最佳戏剧表演奖女演员第 2 位 *The Nun's Story*《修女传》

1958 年女明星第 5 位

1958 年最佳戏剧表演奖女演员第 1 位 *Lovein the Afternoon*《黄昏之恋》

戏剧世界奖（The atre World Award）

1952 年获奖最佳女主角 *Gigi*《金粉世界》

托尼奖（Tony Award）

1954 年获奖最佳女主角 *Ondine*《美人鱼》

1968 年获奖特别成就奖（Special Achievement Award）

艾美奖（Emmy Award）

1993 年获奖杰出个人成就奖（Outstanding Individual Achievement）*Gardensofthe World with Audrey Hepburn*《世界花园》

格莱美奖（Grammy Award）

1993 年获奖最佳儿童诵读专辑（BestSpoken Word Album For Children）*Audrey Hepburn's Enchanted Tales*《奥黛丽·赫本的魔法童话》

美国四大艺术奖项

The Four Major Entertainment Awardsin American Show Business

奥黛丽·赫本是拿全美国四大艺术奖项（电影奥斯卡奖、戏剧托尼奖、音乐格莱美奖和电视艾美奖）的仅有的九人之一，不包含特别奖。

附录二：赫本特别荣誉

好莱坞星光大道明星

藤街 1652 号（1652VineStreet）纪念星

总统自由勋章

1992 年获奖总统自由勋章，表彰赫本在联合国儿童基金会（UNICEF）所做贡献

【说明】该奖章为美国公民最高荣誉，而非美国籍的赫本在去世前 1 个月获得该奖章（1992 年 12 月获奖，1993 年 1 月 20 日去世）

美国电影协会百年百大明星

1999 年 6 月 15 日获选美国电影协会（AFI）“百年最伟大女明星”第 3 名

联合国儿童基金会总部雕像

2002 年 5 月，联合国儿童基金会在其纽约总部为一尊 7 英尺高的青铜雕像揭幕，雕像名字为“奥黛丽精神”（The Spiritof Audrey），以表彰赫本为联合国所做的贡献

【说明】赫本为获此殊荣的唯一一人

美国邮政总署纪念邮票

2003 年纪念邮票在 37 美分面值的邮票中采用了来自电影《龙凤配》中的赫本形象，以纪念赫本的好莱坞传奇历史和人道主义精神

【说明】赫本为获得该项荣誉的少数几个非美国人之一

附录三：赫本评选荣誉

表演类

1997 年获选英国杂志《帝国》评选的“史上 100 大银幕明星”第 50 名

2001 年获选美国杂志《传记》组织 2500 多名读者投票评选的“史上最受欢迎女演员”第 1 名

2005 年获选美国电影杂志《首映》评选的“史上最伟大银幕明星”第 18 名

2006 年获选美国电影杂志《首映》评选的“银幕史上 100 位最伟大角色”第 32 名，获选角色为《蒂凡尼的早餐》中的霍莉·戈莱特丽

（年份不明）获选美国杂志《娱乐周刊》评选的“100 位最伟大艺人”第 16 名

（年份不明）获选美国杂志《娱乐周刊》评选的“史上最伟大银幕明星”第 21 名

时尚类

2004 年获选有“时装圣经”之称的著名时尚杂志《VOGUE》评选的“世界时尚名人”女性第 1 名，得票率 29%

选美类

1990 年获选美国杂志《人物》评选的“世界 50 大最美丽人物”之一

1995 年获选英国杂志《帝国》评选的“银幕史上 100 大最性感明星”第 8 名

1996 年获选英国时尚杂志《哈泼斯与名媛》评选的“史上最有

魅力女性”第1名

2004年获选著名时尚杂志《世界时装之苑》评选的“世界最美丽女人”第1名，得票率为76%

2006年获选英国杂志《新女性》组织5000多名读者投票评选的“世界古今百大美女”第1名